社会保险
精算分析模型操作手册

人力资源和社会保障部
社会保险事业管理中心　组织编写

主　编　唐霁松　聂明隽
副主编　耿树艳

中国劳动社会保障出版社

图书在版编目(CIP)数据

社会保险精算分析模型操作手册/人力资源和社会保障部社会保险事业管理中心组织编写. —北京:中国劳动社会保障出版社,2012
 ISBN 978-7-5045-9829-5

Ⅰ.①社… Ⅱ.①人… Ⅲ.①社会保险-精算学-手册 Ⅳ.①F840.61-62

中国版本图书馆 CIP 数据核字(2012)第 143306 号

中国劳动社会保障出版社出版发行

(北京市惠新东街1号 邮政编码:100029)
出 版 人:张梦欣

*

中国铁道出版社印刷厂印刷装订 新华书店经销
787 毫米×1092 毫米 16 开本 11.75 印张 155 千字
2012 年 7 月第 1 版 2012 年 7 月第 1 次印刷

定价:32.00 元

读者服务部电话:010-64929211/64921644/84643933
发行部电话:010-64961894
出版社网址:http://www.class.com.cn
版权专有 侵权必究
举报电话:010-64954652
如有印装差错,请与本社联系调换:010-80497374

社会保险精算分析模型操作手册
编委会

主　任　唐霁松
副主任　聂明隽
编　委　（按姓氏笔画排序）
　　　　　万　磊　马高鹏　毛江萍　石玉建
　　　　　卢昱昕　向宗平　刘　凯　刘毓辉
　　　　　李　健　邱祖斌　张　延　陈本毅
　　　　　陈　君　金涯达　赵全锁　秦　森
　　　　　耿树艳　唐张明　温　净　谢助明
　　　　　霍冀民

序

17世纪末，世界上第一张完整的生命表诞生，数学方法和统计手段引入新生的人寿保险，称"保险精算"。19世纪末，社会保险出现在欧洲，作为社会发展的"稳定器"和重要的宏观社会经济政策，其长期可持续发展更加离不开精算。20世纪80年代拉美国家债务危机和目前欧洲国家的主权债务危机，又从不同侧面印证了"社会保险精算"的重要性。

精算是社会保险重要的分析工具，在维护制度平稳运行等方面的作用无可替代。运用精算理论和方法，对社会劳动者面临的年老、疾病、失业、伤残等风险进行评价和测算，以监控社会保险基金长期和短期收支平衡，保障社会保险制度运行的财务稳定性十分必要。同时，将精算必需的数据积累和独特的分析工具，应用于社会保险经办管理，如规划制订、预算管理、日常运行分析等，也是精算的重要功能。

我国自1984年开始进行养老保险改革以来，覆盖城乡的社会保障体系逐步建立和完善。与之相伴，社会保险精算得到了一定的应用和发展。人力资源社会保障部社会保险事业管理中心刻苦攻关，积累年之功，立足我国基本国情，借鉴国际有益经验，自主研发了养老保险精算分析模型，并以此为基础，继续研发出医疗保险精算分析模型。模型的建立与推广，使全国各地有条件自行开展精算测算，有力地促进了精算技术在社会保险领域的应用。

在五项社会保险当中，养老保险是一项长期制度安排，社会统筹与个人账户结合，现收现付制与基金积累制结合构成其制度特征；而医疗与生育、失业和工伤保险则采取现收现付制，具有一定的共性。制度之别要求不同的精算方法和精算目标。养老保险基金精算分析模型（Pension Fund Actuarial

Analysis Model，简称PFA）以制度运行情况、政策背景为基础，预测起始年人口、就业、社会经济发展等宏观指标，结合生命表、利息理论和相关参数历年变动情况，利用科学的精算分析方法，对制度未来的参保人员进行预测，对基金短期运行情况及中长期财务收支状况和支撑能力做出评价，对可能发生的基金运行风险进行评估预警，促进养老保险基金的长期稳健运行。医疗保险基金精算分析模型（Medical Insurance Fund Actuarial Analysis Model，简称MIFA）则以一定的人口、经济和政策假定条件，利用相关运行数据，预测未来人口、参保人数、医疗服务利用、医疗费用及基金收支状况，对制度运行、基金长期收支进行预测、分析和评估，对基金可能遇到的风险进行预警。

为更好地推广使用养老和医疗精算分析模型，人力资源社会保障部社会保险事业管理中心组织全系统的精算骨干团队，编纂精算实务教材和模型操作手册。教材以养老和医疗保险基金精算分析模型为对象，对PFA和MIFA的工作原理、基本使用方法、指标解释、数据来源以及测算结果应用等方面进行详细阐述，强调操作性与实践性，指导读者顺利使用模型开展养老医疗保险精算工作；养老保险教材同时介绍了保险精算的基本原理、思路和方法，与一般精算基础理论建立了一定的联系，利于读者在精算理论上继续深入理解和学习。

"工欲善其事，必先利其器"。教材与手册实际是提供了使用精算分析工具的工具。"行而知"，集系统之力研发了精算分析模型；"知而行"，就需要模型更为广泛的应用，体现其本来的价值和作用。社会保险事业的发展无止境，精算模型的改进和完善也无终点，这是一个不断演进的过程。展望未来，精算技术在社会保险领域的应用将逐步扩大和深入，将对制度的长期可持续发展起到越来越重要的支撑作用。

胡晓义

2012年6月30日

目 录

第一部分 养老保险精算分析模型

第一章 PFA 的使用与原理 …………………………………………（ 3 ）
第一节 PFA 的概述 …………………………………………………（ 3 ）
第二节 PFA 的基本使用方法 ………………………………………（ 5 ）
第三节 PFA 的工作原理 ……………………………………………（ 10 ）

第二章 PFA 输入工作簿的指标解释与数据采集 …………………（ 36 ）
第一节 综合表 ………………………………………………………（ 36 ）
第二节 人口参数表 …………………………………………………（ 39 ）
第三节 就业与参保表 ………………………………………………（ 45 ）
第四节 制度运行（1）………………………………………………（ 51 ）
第五节 制度运行（2）………………………………………………（ 59 ）
第六节 宏观经济表 …………………………………………………（ 65 ）

第三章 PFA 输出工作簿的内容与指标解释 ………………………（ 68 ）
第一节 "人口"类表 …………………………………………………（ 68 ）
第二节 "制度运行"类表 ……………………………………………（ 71 ）

第二部分 医疗保险精算分析模型

第四章 精算模型原理 ………………………………………………（ 89 ）
第一节 医疗保险基金精算分析模型简介 …………………………（ 89 ）
第二节 模型主要模块 ………………………………………………（ 95 ）

第五章 输入表指标解释与操作 ·· (115)
    第一节 输入表数据的一般性说明 ·· (115)
    第二节 输入表指标解释与操作 ·· (116)

第六章 输出表内容与使用 ·· (137)
    第一节 "人口"类指标解释 ·· (137)
    第二节 "制度运行"类指标解释 ·· (141)

附录一 基本养老保险精算业务规程（试行） ···························· (162)
附录二 模型原理公式 ·· (172)
附录三 个人账户养老金计发月数表 ·· (177)

第一部分

养老保险精算分析模型

第一章　PFA 的使用与原理

第一节　PFA 的概述

一、PFA 简介

PFA 主要用于对我国企业养老保险制度运行状况、基金的收支运行情况进行精算预测、分析和评估，对基金可能遇到的风险进行预警，为领导决策提供数据和技术支持。

PFA 以某一统筹地区内现有的人口、就业、社会经济发展以及企业养老保险运行相关数据为基础，在一定参数假设下，预测未来一段时期内该地区的人口结构、企业养老保险参保人员情况、缴费与待遇水平及养老保险基金收支运行状况等。

PFA 基于 Microsoft Office 2003 平台采用 Visual Basic for Application (VBA) 语言进行开发。它由三部分组成：主程序工作簿（PFA.xls）、输入工作簿（输入_sample.xls）和输出工作簿（输出_sample.xls）。其中，主程序工作簿是 PFA 的核心组成部分；输入工作簿用于存放 PFA 运行所必需的基本选项、基础数据以及相关的人口、经济和企业养老保险制度运行参数等，该工作簿由用户结合实际情况自行填写；输出工作簿由 PFA 运行自动生成，主要用于存放 PFA 的运行结果，并以 Excel 表的形式输出。

PFA 不需安装，所有的运算过程都由计算机在后台自动完成，因此操作相对简单，对用户的 VBA 知识不做要求，用户只需掌握基本的计算机操作技能即可。PFA 对计算机系统要求较低，基本配置要求如下：

硬件：建议使用内存 512 MB 以上、CPU 运行速度不低于 1.0 GHz 的奔腾机。

软件：建议系统运行环境为 Windows 2000 或 Windows XP，Excel 使用 Microsoft Office 2000 以上版本。

二、PFA 的主要特点

经过多年来的实践运用和不断完善，PFA 已日趋成熟，它的运行结果已基本能准确反映我国现有制度条件下城乡人口构成、参保人员状况以及基金收支态势等情况，其主要特点如下：

（一）充分考虑了我国的国情以及企业养老保险制度运行的实际情况

1. 合理考虑城镇化对养老保险制度的影响。随着我国城镇化速度的加快，大量的农村人口进入城镇，成为养老保险制度潜在的覆盖对象，所以准确地预测未来参保职工人数必须充分考虑农村人口的变化。在 PFA 中，可以单独输入农村人口的生育率、死亡率和出生婴儿性别比，实现了对农村人口的准确预测。

2. 与我国现行的企业养老保险政策紧密结合。例如，根据我国实际的参保人员缴费政策，PFA 将参保人员分为单位参保职工和以个人身份参保人员两部分，分别进行测算。

3. 充分考虑了我国企业养老保险运行情况。在 PFA 中，针对我国养老保险实账与空账并存的状况，对个人账户基金空账和实账进行了分别计算，实账部分的收支通过个人账户基金收支来反映，空账部分收支通过在统筹基金收支中单列项目加以反映。

（二）PFA 具有较强的适用性和灵活性

1. PFA 可用于预测各级统筹层次的企业养老保险运行情况，在进行省级统筹层次预测时，不仅涉及农村和城镇之间的人员流动，还涉及本省和外省之间的人员流动，情况比较复杂。PFA模型通过设置相应变量参数，较为合理地解决了这一问题。

2. PFA为部分重要参数的预测提供了不同的方法，用户可以根据自己的实际情况加以选择。例如，为迁移人口和新增参保人员的计算提供了比例法和固定数额法等多种计算方法，便于精算工作者根据实际情况选择使用。比例法操作比较复杂，但是计算过程比较合理，既可以用于短期预测也可以用于长期预测；固定数额法比较简单，但是由于长期内很难把握数据变化的规律，只能用于短期预测。

3. PFA模型除了用来预测企业养老保险制度运行的相关情况以外，通过改变相关的参数和选项还可以进行其他的预测和分析。例如，对未来做实个人账户所需基金进行预测，对未来每年养老保险基金所需财政补贴进行预测，对机关事业和农村养老保险改革进行精算分析评估等。

第二节　PFA的基本使用方法

一、PFA的主程序界面

打开PFA主程序工作簿（PFA.xls）进入PFA的主程序界面（见图1.1）。该界面由5个按钮组成："开始""输出""说明""帮助"以及"退出"。其主要功能如下：

"开始"按钮：启动PFA；

"输出"按钮：输出PFA的预测结果；

"说明"按钮：打开PFA的说明文件；

"帮助"按钮：打开PFA的帮助文件；

"退出"按钮：退出PFA。

在PFA软件主界面的左上方是自定义工具栏，由四个自定义按

图1.1 PFA 的主程序界面

钮组成，其主要功能如下：

① 按钮：返回 PFA 主界面；

▣ 按钮：输出 PFA 的预测结果；

✕ 按钮：删除输出工作簿中的数据；

≜ 按钮：退出 PFA 的操作。

二、PFA 的基本操作步骤

一般来说，PFA 的基本操作由以下六个步骤组成：

第一步：打开 PFA 的输入工作簿（输入_sample.xls），正确填写相关的选项、参数和基础数据，并保存该工作簿。

第二步：打开 PFA 的主程序工作簿（PFA.xls），进入 PFA 的主程序界面（见图1.1）。点击"开始"按钮，PFA 会弹出"打开文件"对话框（见图1.2）。

第三步：点击"打开文件"对话框中的"查找文件"按钮（见图1.2），程序弹出"查找输入文件"对话框（见图1.3）。找到输入工作簿，具体有两

图 1.2 "打开文件"对话框

种查找方法。一是在对话框的左下角键入输入文件的全部路径和名称。例如，要打开"C：\Desktop\New Folder"目录下文件名为"输入_sample"的输入文件，直接输入"C：\Desktop\New Folder\输入_sample"即可；二是点击"查找输入文件"对话框"查找范围"项的下拉列表，找到所需打开的文件，点击"打开"按钮。

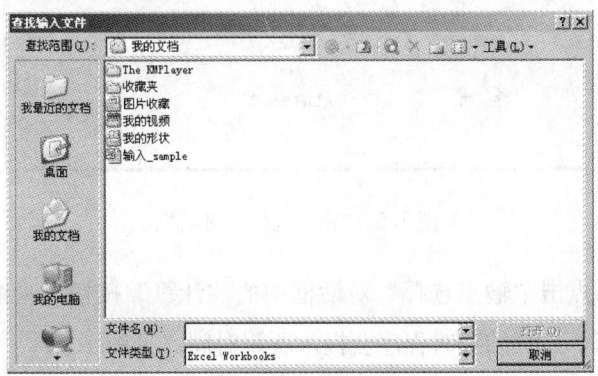

图 1.3 "查找输入文件"对话框

第四步：在上述操作之后，程序会回到"打开文件"对话框（见图 1.4），点击"文件列表"框中的文件名，"下一步"按钮将会由虚变实，再点击该按钮，弹出"输出选择"对话框（见图 1.5）。如果此时需要使用其他的输入文件，可以点击"输出选择"对话框中的"上一步"按钮，程序会回到"打开文件"对话框,用户从"第三步"重新开始操作。

图1.4 "打开文件"对话框

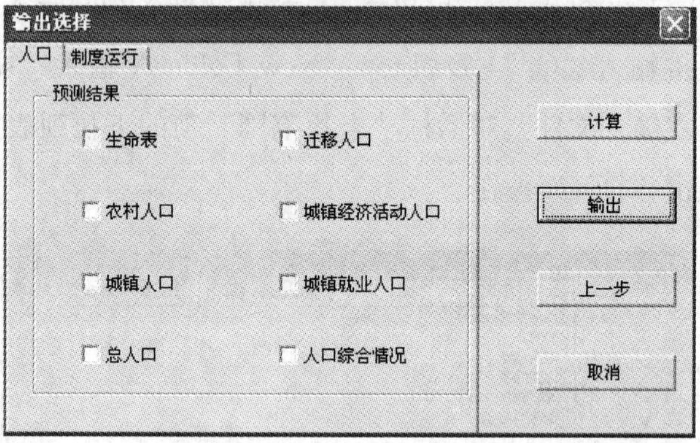

图1.5 "输出选择"对话框

第五步:点击"输出选择"对话框中的"计算"按钮(见图1.5),程序开始后台运算,运算结束时程序会提示所用时间(见图1.6)。

第六步:运算结束后,用户可根据需要在"输出选择"对话框中选择输

图1.6 "计算完成"对话框

出项目（可复选）。通过点击"输出"按钮将精算预测的具体结果输出到 PFA 的输出工作簿（输出_sample.xls），以便于查看和保存。

输出项目分别位于"输出选择"对话框的"人口"和"制度运行"两个选项页上（见图 1.7 和图 1.8）。

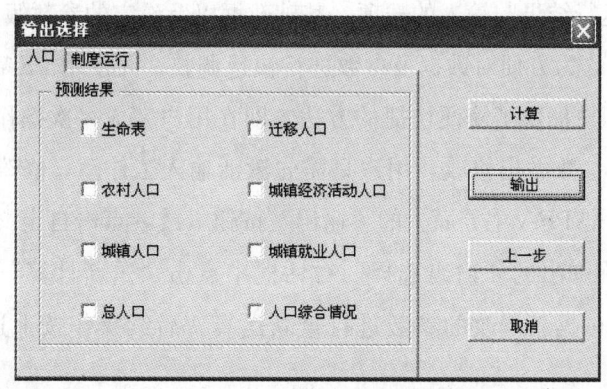

图 1.7 "人口"选项页

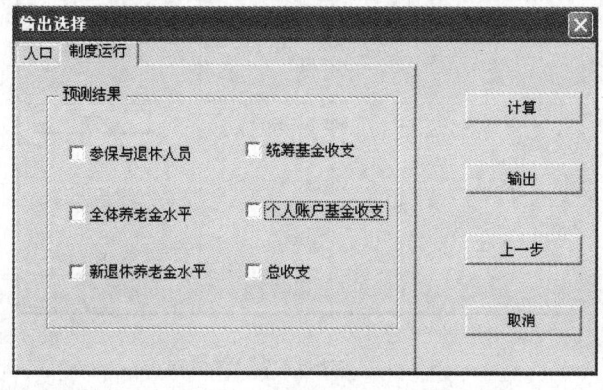

图 1.8 "制度运行"选项页

"人口"选项页（见图 1.7）输出的内容为：生命表、农村人口、城镇人口、总人口、迁移人口、城镇经济活动人口、城镇就业人口以及人口综合情况。

"制度运行"选项页（见图 1.8）输出的内容为：参保与退休人员、全体养老金水平、新退休养老金水平、统筹基金收支、个人账户基金收支以及总收支。

三、其他使用说明

　　PFA 的运行结果与输入的选项、基础数据以及设定的参数假设密切相关。在实际操作中，为方便对数据及参数进行快速调整，并使用 PFA 进行再次运算，PFA 为用户提供了简便快捷的方法。即在用户完成一次操作以后，如果需要对数据或参数做出修改，用户只需先激活输入工作簿，修改相应的参数并保存，再点击 PFA 主界面上的"输出"按钮（或者点击自定义任务栏上的按钮），并在弹出的"输出选择"对话框中点击"重新计算"按钮（见图1.9），系统将依据新修改的参数进行重新运算，后续操作按上述"第五步"进行。

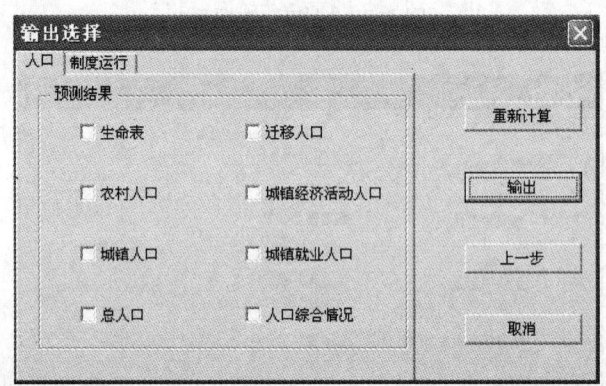

图1.9 "输出选择"对话框

第三节　PFA 的工作原理

　　PFA 由六大相互关联的子模块组成（见图1.10），主要包括人口模块、参保职工模块、退休人员模块、基金收入模块、基金支出模块以及基金结余模块六大部分。此外，PFA 运行还涉及政策、利率以及工资等参数。

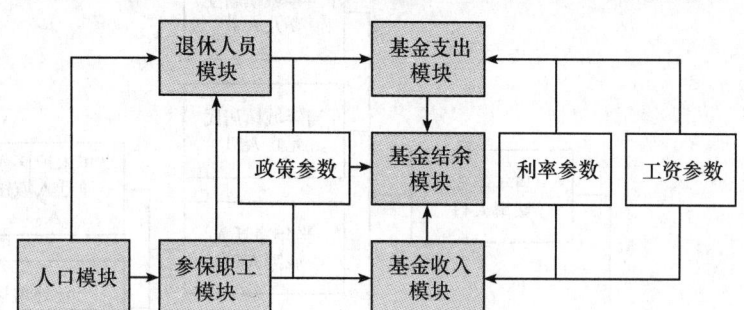

图 1.10　PFA 的总体架构

PFA 在具体运算时，首先通过对人口总数和结构、城镇人口和结构、参加养老保险的人口和结构进行预测，从而确定参保职工和退休人员的人数和结构。同时，通过对经济发展水平、社会平均劳动生产率、投资平均回报率等进行预测，确定合理的参加养老保险职工的缴费工资水平和年利率水平。在一定的缴费工资水平、费率和参加养老保险职工人数下，可以预测未来养老保险基金收入；在一定的养老金待遇水平和退休人员人数下，可以预测未来养老保险基金支出。在此基础上，通过养老保险基金中长期的收支差距、累积基金与累积债务差距的分析，对养老保险的中长期财务状况和偿付能力做出评价。

一、人口模块

人口模块的功能是计算预测期内分年龄、性别、城乡的人口情况，主要包括城镇人口、农村人口以及迁移人口等。

人口预测采用的基本方法是存量加增量，即：

当年末人口＝上年末人口＋当年新生人口＋当年净迁入人口－当年死亡人口（见图 1.11）

具体用数学公式可表示为：

$$Pop(0,j,k) = \sum_{15 \leqslant i \leqslant 49} Pop(i-1,j-1,2) \times Fer(i,j) \times Sex(j,k) + IMg(0,j,k)$$

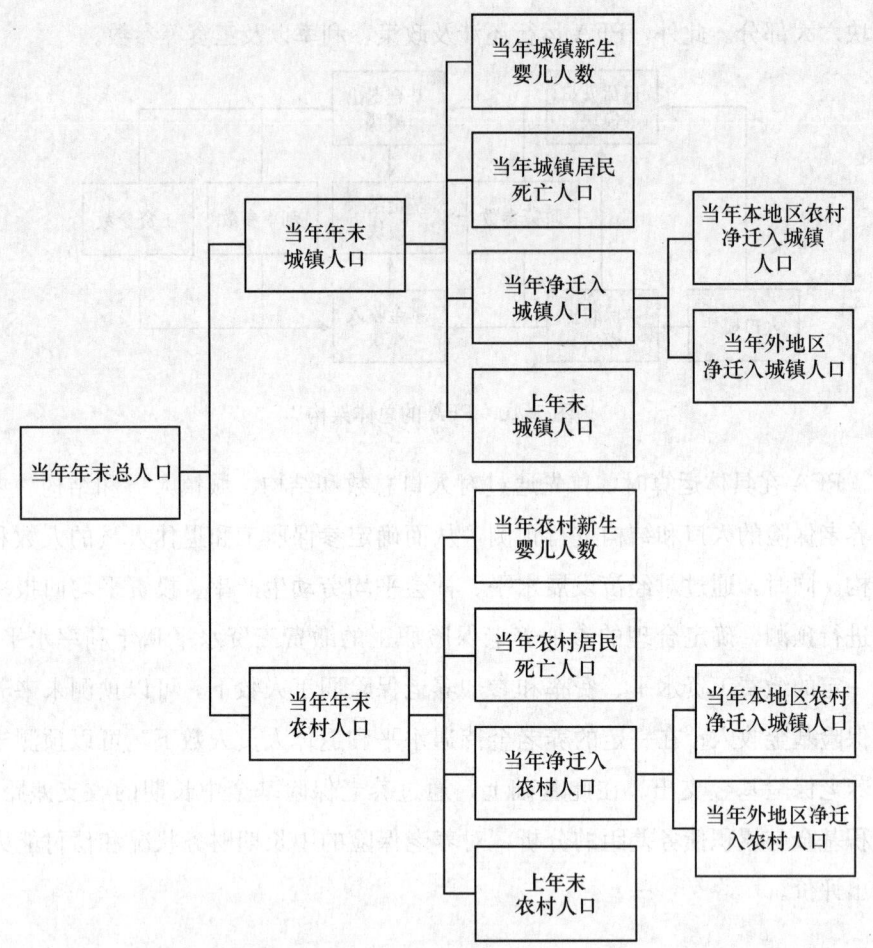

图 1.11 人口模块

$$Pop(i,j,k) = Pop(i-1,j-1,k) \times (1-Mor(i,j,k)) + IMg(i,j,k)$$
$$Npop(j) = Pop(0,j,k) + Pop(i,j,k)$$

当 $i \geqslant 1$ 时

其中①：

i 代表年龄，j 代表年份，k 代表性别（男＝1，女＝2）；

---

① 见附录二：模型原理公式。

$Pop(0,j,k)$：j 年 0 岁 k 性别的人口；

$Pop(i-1,j-1,2)$：$j-1$ 年 $i-1$ 岁女性人口；

$Fer(i,j)$：j 年 i 岁女性生育率；

$Sex(j,k)$：j 年 k 性别新生婴儿占全部新生婴儿的比例；

$IMg(0,j,k)$：j 年 0 岁 k 性别的净迁入人口；

$IMg(i,j,k)$：j 年 i 岁 k 性别的净迁入人口；

$Pop(i,j,k)$：j 年 i 岁 k 性别的人口；

$Pop(i-1,j-1,k)$：$j-1$ 年 $i-1$ 岁 k 性别人口；

$Npop(j)$：j 年总人口；

$Mor(i,j,k)$：j 年 i 岁 k 性别的死亡率。

释例：以城镇人口的计算为例，分 0 岁人口和 1 岁及以上人口两部分。

①0 岁人口＝育龄妇女×生育率＋0 岁净迁入城镇人口。

②1 岁及以上人口＝上年存量人口×（1－死亡率）＋1 岁及以上净迁入城镇人口。

③城镇人口＝0 岁人口＋1 岁及以上人口。

预测年末农村人口同理。

需要特别注意的是，PFA 为"本地区农村净迁入城镇人口"的计算提供了两种方法：一是"按比例计算"，即根据上年末农村人口乘以人口迁移率来计算当年本地农村净迁入城镇人口；二是"按定额计算"，即直接填写预测起始年本地农村净迁入城镇人口。

二、参保职工模块

参保职工模块的功能是计算预测期内分年份、分人员类型的参保人员人数变化情况，主要包括年末参保职工、新增参保职工以及新退休人员等。

参保职工预测采用的基本方法是存量加增量，即：

年末参保职工人数＝上年末参保职工人数＋当年新增参保职工人数－当年参保职工死亡人数－当年新增退休人员人数（见图 1.12）

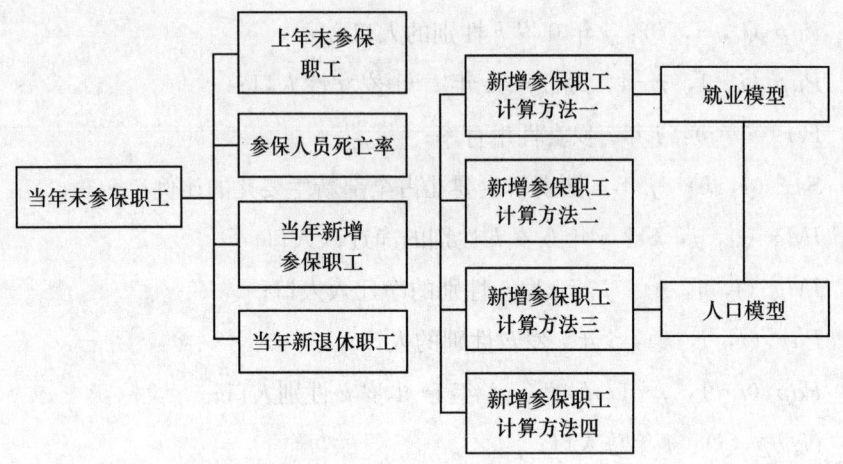

图 1.12 参保职工模块

具体用数学公式可表示为：

$$Ins(j) = \sum_{i,j}(Ins(i-1,j-1,k) \times (1 - Mor(i,j,k)) + Nen(i,j,k) - Nre(i,j,k))$$

$$Nre(i,j,k) = Ins(i-1,j-1,k) \times Nre\_rate(i,j,k)$$

当 $i \geqslant 1$，$j \geqslant 1$ 时

其中：

i 代表年龄，j 代表年份，k 代表性别（男＝1，女＝2）；

$Ins(j)$：j 年参保在职职工人数；

$Ins(i-1, j-1, k)$：$j-1$ 年 $i-1$ 岁 k 性别参保职工人数；

$Mor(i, j, k)$：j 年 i 岁 k 性别的死亡率；

$Nen(i, j, k)$：j 年 i 岁 k 性别的新增参保职工；

$Nre(i, j, k)$：j 年 i 岁 k 性别的新增退休人员人数；

$Nre\_rate(i, j, k)$：j 年 i 岁 k 性别的退休率。

释例：

①年末参保职工＝上年末参保职工×（1－死亡率）＋当年新增参保职工－当年新增退休人员。

②当年新增退休人员＝上年末参保职工×退休率。

需要特别注意的是，PFA 为当年新增参保职工的计算提供了四种方法：

方法一：按上年末参保就业人员比例计算（见图 1.13）

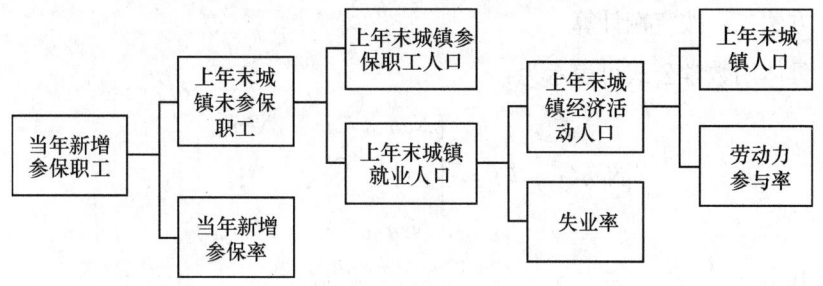

图 1.13　新增参保职工计算方法一

具体用数学公式可表示为：

$$Nen(i,j,k) = (Emp(i-1,j-1,k) - Ins(i-1,j-1,k)) \times Nen\_rate(i,j,k)$$

$$Emp(i,j,k) = Pop\_c(i,j,k) \times Lab(i,j,k) \times (1-Une(i,j,k))$$

当 $i \geqslant 1$，$j \geqslant 1$ 时

其中：

i 代表年龄，j 代表年份，k 代表性别（男＝1，女＝2）；

$Emp(i,j,k)$：j 年 i 岁 k 性别的就业人口；

$Nen\_rate(i,j,k)$：j 年 i 岁 k 性别的新增参保率；

$Pop\_c(i,j,k)$：j 年 i 岁 k 性别的城镇人口；

$Lab(i,j,k)$：j 年 i 岁 k 性别的劳动参与率；

$Une(i,j,k)$：j 年 i 岁 k 性别的失业率。

释例：

①上年末城镇人口×劳动力参与率＝上年末城镇经济活动人口。

②上年末城镇就业人口＝上年末城镇经济活动人口×（1－失业率）。

③上年末城镇未参保职工＝上年末城镇就业人口－上年末城镇参保职工人口。

④当年新增参保职工＝上年末城镇未参保职工×当年新增参保率。

该方法计算思路较容易理解，参数也较易于把握，在实际操作中多被采用。

方法二：按定额计算

具体用数学公式可表示为：

$$Nen(i,j,k) = \begin{bmatrix} Nen_{11k} & \cdots & Nen_{1jk} \\ \vdots & \ddots & \vdots \\ Nen_{i1k} & \cdots & Nen_{ijk} \end{bmatrix}$$

其中：

i 代表年龄，j 代表年份，k 代表性别（男＝1，女＝2）；

Nen_{jik} 为经验估值，是对应年份、年龄、性别的新增参保职工定额。

该方法主要用于根据历史经验数据来推测近期参保职工情况，实际使用中只需按照对应年份、年龄、性别在 PFA 中填写新增参保职工人数即可。但由于中长期新增参保职工的定额数据较难确定，因此，该方法具有一定的局限性，主要被用于短期预测。

方法三：按城镇人口比例计算（见图 1.14）

具体用数学公式可表示为：

$$Ins(j) = Pop\_c(i,j,k) \times Cov(i,j,k)$$

$$Nen(i,j,k) = Ins(j) - Ins(i-1,j-1,k) \times (1 - Mor(i,j,k)) -$$

$$Ret(i-1,j-1,k) \times (1 - Mor(i,j,k)) + Ins(i-1,j-1,k) - ONre(i,j,k)$$

$$当 i \geqslant 1, j \geqslant 1 时$$

其中：

i 代表年龄，j 代表年份，k 代表性别（男＝1，女＝2）；

$Cov(i,j,k)$：j 年 i 岁 k 性别的制度覆盖率；

$Ret(j)$：j 年退休人员总人数；

$Ret(i-1,j-1,k)$：$j-1$ 年 $i-1$ 岁 k 性别的退休人数；

$ONre(i,j,k)$：j 年 i 岁 k 性别的一次性退休人员人数。

释例：

第一章 PFA 的使用与原理

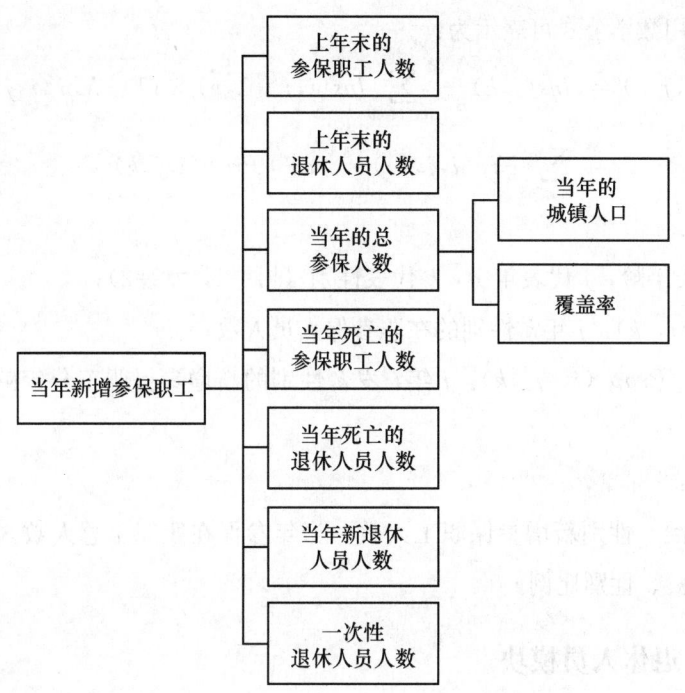

图 1.14　新增参保职工计算方法三

当年新增在职参保人员＝当年的总参保人数－上年末参保职工－上年末退休人员＋当年死亡的退休人员＋当年死亡的参保职工－一次性退休人数。

该方法和覆盖率挂钩，与养老保险制度发展规划数据关系较为紧密，因此正越来越多地被使用。

方法四：按参保职工总人数定额计算（见图 1.15）

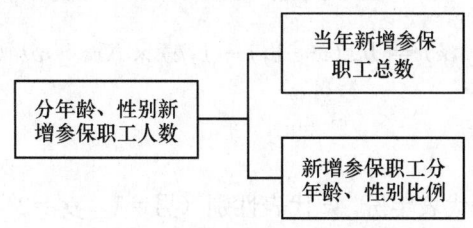

图 1.15　新增参保职工计算方法四

具体用数学公式可表示为：

$$Nen(i,j,k) = (Ins(j,k) - \sum_{16 \leqslant i \leqslant 65} Ins(i,j-1,k) \times (1 - Mor(i,j,k)) +$$

$$\sum_{16 \leqslant i \leqslant 65} Nre(i,j,k)) \times Nen\_Prop(i,j,k)$$

其中：

i 代表年龄，j 代表年份，k 代表性别（男＝1，女＝2）；

$Ins(j,k)$：j 年 k 性别的在职参保人员人数；

$Nen\_Prop(i,j,k)$：j 年 i 岁 k 性别的新增参保职工分年龄、性别比例。

释例：

分年龄、性别新增参保职工人数＝当年参保在职职工总人数×新增参保职工分年龄、性别比例。

三、退休人员模块

退休人员模块的功能是计算预测期内分年份、分人员类型的退休人员的变化情况。主要包括年末退休人员、当年新退休人员等。

退休人员预测采用的基本方法是存量加增量，即：

年末退休人员＝上年末退休人员＋当年新增退休人员＋当年一次性退休人员－当年死亡的退休人员（见图1.16）

具体用数学公式可表示为：

$$Ret(j) = \sum_{i,k} Ret(i-1,j-1,k) \times (1 - Mor(i,j,k) + Nre(i,j,k) + ONre(i,j,k))$$

$$Nre(i,j,k) = Ins(i-1,j-1,k) \times Nre\_rate(i,j,k)$$

当 $i \geqslant 1, j \geqslant 1$ 时

其中：

i 代表年龄，j 代表年份，k 代表性别（男＝1，女＝2）；

$Ret(j)$：j 年参保退休人员人数；

$Ret(i-1,j-1,k)$：$j-1$ 年 $i-1$ 岁 k 性别参保退休人员人数；

第一章 PFA 的使用与原理

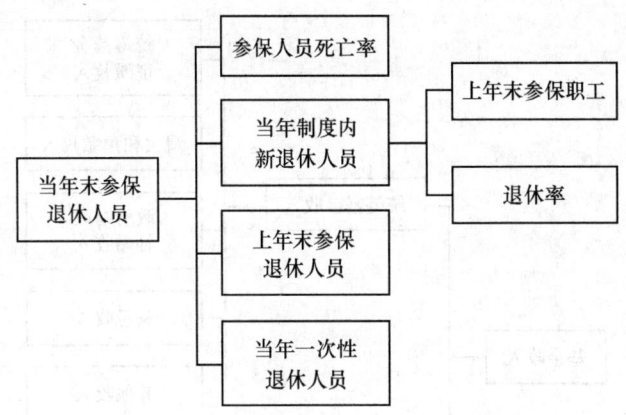

图 1.16 退休人员模块

$Mor(i,j,k)$：j 年 i 岁 k 性别的死亡率；

$Nre(i,j,k)$：j 年 i 岁 k 性别的新退休人员人数；

$Ins(i-1,j-1,k)$：$j-1$ 年 $i-1$ 岁 k 性别参保在职职工人数；

$Nre\_rate(i,j,k)$：j 年 i 岁 k 性别的退休率；

$ONre(i,j,k)$：j 年 i 岁 k 性别的一次性退休人员人数。

释例：

①当年新增退休人员＝上年末参保职工×退休率。

②当年死亡的退休人员＝上年末退休人员×参保人员死亡率。

四、基金收入模块

基金收入模块的功能是计算预期内的基金收入情况。主要包括统筹基金收入和实账个人账户基金收入等（见图 1.17）。

具体用数学公式可表示为：

$$Rev(j) = Rev\_tc(j) + Rev\_ca(j)$$
$$Rev\_tc(j) = Rev\_zj(j) + Rev\_qy(j) + Sub(j) + Int(j) + Rev\_qt(j)$$
$$Rev\_ca(j) = Rev\_zj\_ca(j) + Int(j)$$

其中：

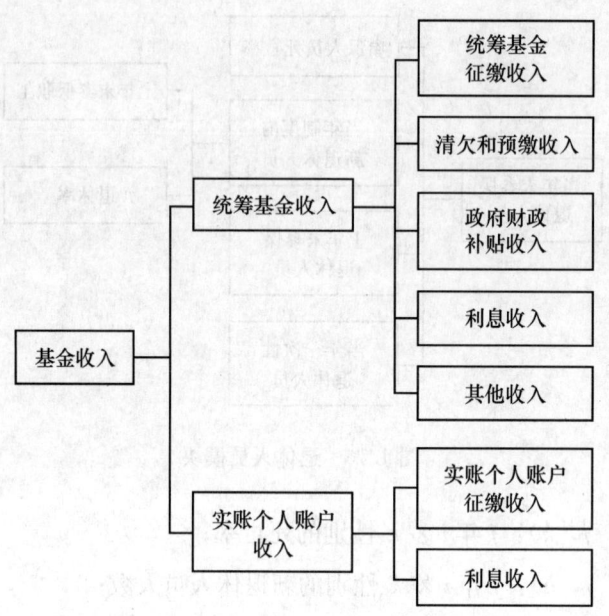

图 1.17　基金收入模块

j 代表年份；

$Rev(j)$：j 年基金总收入；

$Rev\_tc(j)$：j 年统筹基金总收入；

$Rev\_zj(j)$：j 年统筹基金征缴收入；

$Rev\_qy(j)$：j 年统筹基金清欠和预缴收入；

$Sub(j)$：j 年财政补贴收入；

$Int(j)$：j 年统筹基金利息收入；

$Rev\_qt(j)$：j 年统筹基金其他收入；

$Rev\_ca(j)$：j 年实账个人账户基金总收入；

$Rev\_zj\_ca(j)$：j 年实账个人账户征缴收入；

$Int(j)$：j 年实账个人账户基金利息收入。

需要说明的是，PFA 中关于清欠和预缴收入以及非做实地区的空账个人账户基金收入均属于统筹基金征缴收入。

征缴收入是精算预测基金收入的重点之一,下面将详细介绍统筹基金征缴收入和实账个人账户征缴收入的计算原理。

(一)统筹基金征缴收入

统筹基金征缴收入由统筹部分应缴收入、个人空账部分应缴收入、征缴率和缴费人员比例构成(见图1.18)。

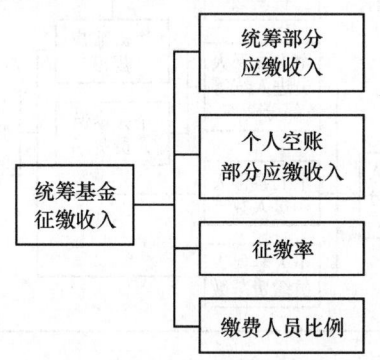

图1.18 统筹基金征缴收入模块

具体用数学公式可表示为:

$$Rev\_zj(j) = (Rev\_zj\_tc(j) + Rev\_zj\_kz(j)) \times Z\_rate(j) \times P\_rate(j)$$

其中:

j 代表年份;

$Rev\_zj\_tc(j)$:j 年统筹部分应缴收入;

$Rev\_zj\_kz(j)$:j 年个人空账部分应缴收入;

$Z\_rate(j)$:j 年征缴率;

$P\_rate(j)$:j 年缴费人员比例。

同时,统筹部分应缴收入可以进一步分解,由单位职工统筹部分应缴收入和个人参保人员统筹部分应缴收入构成(见图1.19)。

1. 统筹部分应缴收入

具体用数学公式可表示为:

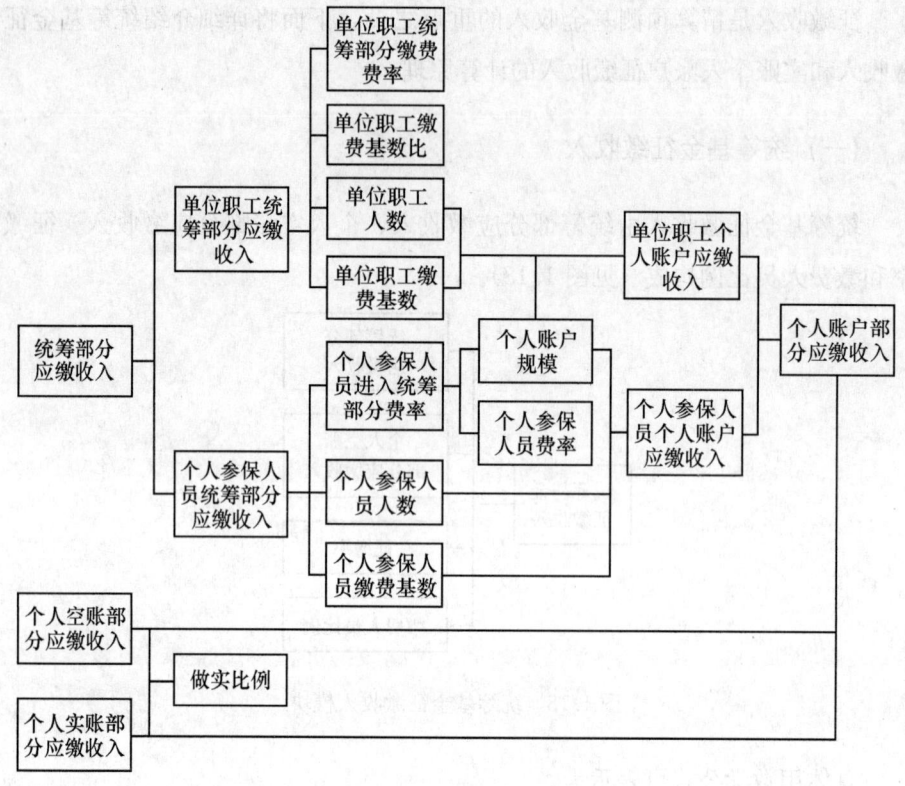

图 1.19 统筹部分、个人空账部分应缴收入

$$Rev\_zj\_tc(j) = Rev\_zj\_dwtc(j) + Rev\_zj\_grtc(j)$$

$$Rev\_zj\_dwtc(j) = Con\_rate\_dwtc(j) \times Ins\_dw\_n(j) \times Pay\_dw(j) \times Wp\_rate(j)$$

$$Rev\_zj\_gttc(j) = (Con\_rate\_gt(j) - Pa\_size(j)) \times Ins\_gt\_n(j) \times Pay\_gt(j)$$

其中：

$Rev\_zj\_tc(j)$：j 年统筹部分应缴收入；

$Rev\_zj\_dwtc(j)$：j 年单位职工统筹部分应缴收入；

$Rev\_zj\_grtc(j)$：j 年个人参保人员统筹部分应缴收入；

$Con\_rate\_dwtc(j)$：j 年单位职工统筹部分缴费费率；

$Con\_rate\_gt(j)$：j 年个人参保人员统筹部分缴费费率；

$Ins\_dw\_n(j)$：j 年单位职工参保人数；

$Ins\_gt\_n(j)$：j 年个人参保人员人数；

$Pay\_dw(j)$：j 年单位职工缴费基数；

$Pay\_gt(j)$：j 年个人参保人员缴费基数；

$Pa\_size(j)$：j 年个人账户规模；

$Wp\_rate(j)$：j 年单位职工缴费基数比。

释例：

①统筹部分应缴收入＝单位职工统筹部分应缴收入＋个人参保人员统筹部分应缴收入。

②单位职工统筹部分应缴收入＝单位职工统筹部分缴费费率×单位职工人数×单位职工缴费基数。

③个人参保人员统筹部分应缴收入＝个人参保人员的统筹部分缴费费率×个人参保人员人数×个人参保人员缴费基数。

④个人参保人员的统筹部分缴费费率＝个人参保人员缴费费率－个人账户规模。

⑤缴费基数比＝单位缴费基数和/个人缴费工资基数和。

统筹部分应缴收入按照参保职工和个人参保人员分类，主要原因是两种人群的缴费费率不同，缴费基数口径不同。

2. 个人空账部分应缴收入

具体用数学公式可表示为：

$Rev\_zj\_kz(j) = Rev\_zj\_zh(j) \times (1 - Pas\_size(j)/Pa\_size(j))$

$\quad Rev\_zj\_zh(j) = Rev\_zj\_dwzh(j) + Rev\_zj\_gtzh(j)$

$Rev\_zj\_dwzh(j) = Pa\_size(j) \times Ins\_dw\_n(j) \times Pay\_dw(j)$

$\quad Rev\_zj\_gtzh(j) = Pa\_size(j) \times Ins\_gt\_n(j) \times Pay\_gt(j)$

其中：

$Rev\_zj\_kz(j)$：j 年个人空账部分应缴收入；

$Rev\_zj\_zh(j)$：j 年个人账户应缴收入；

$Pas\_size(j)$：j 年个人账户做实比例；

$Rev\_zj\_dwzh(j)$：j 年单位职工个人账户应缴收入；

$Rev\_zj\_gtzh(j)$：j 年个体参保人员个人账户应缴收入。

释例：

①个人空账部分应缴收入＝个人账户应缴收入×（1－做实比例/账户规模）。

②个人账户应缴收入＝单位职工个人账户应缴收入＋个人参保人员个人账户应缴收入。

③单位职工个人账户应缴收入＝个人账户规模×单位职工人数×单位职工缴费基数。

④个人参保人员个人账户应缴收入＝个人账户规模×个体参保人员人数×个体参保人员缴费基数。

（二）实账个人账户征缴收入

实账个人账户征缴收入由个人实账部分应缴收入、征缴率和缴费人员比例构成（见图1.20）。

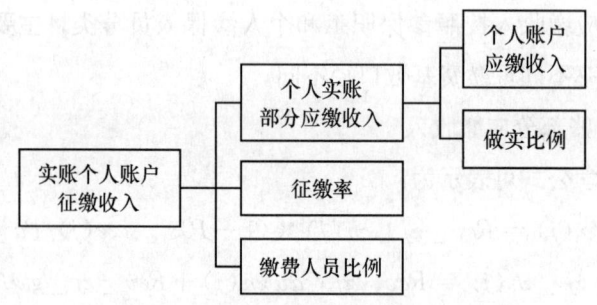

图1.20　实账个人账户征缴收入

具体用数学公式可表示为：

$Rev\_zj\_ca(j) = Rev\_zj\_zh(j) \times (Pas\_size/Pa\_size) \times$

$$Z\_rate(j) \times P\_rate(j)$$

其中：

$Rev\_zj\_ca(j)$：j 年实账个人账户征缴收入。

释例：

实账个人账户征缴收入＝个人账户应缴收入×（做实比例/账户规模）×征缴率×缴费人员比例。

五、基金支出模块

基金支出模块的功能是计算预期内的基金支出情况。主要包括统筹基金支出和实账个人账户基金支出等（见图1.21）。

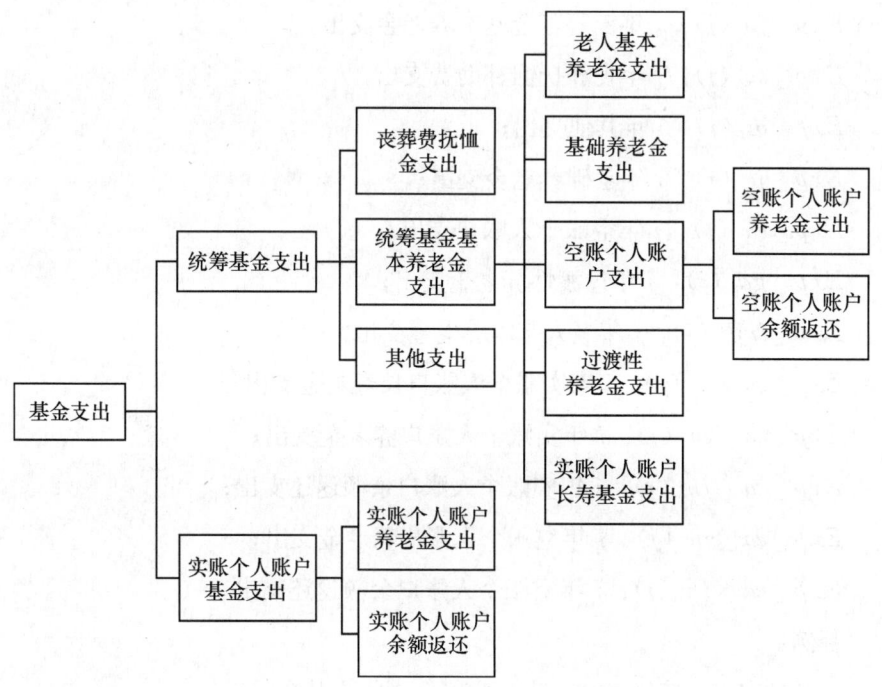

图 1.21 基金支出模块

具体用数学公式可表示为：

$$Exp(j) = Exp\_tc(j) + Exp\_ca(j)$$

$$Exp\_tc(j) = Exp\_jb(j) + Exp\_sz(j) + Exp\_qt(j)$$
$$Exp\_jb(j) = Exp\_jc(j) + Exp\_ea(j) + Exp\_gd(j) +$$
$$Exp\_lrjb(j) + Exp\_ca\_cs(j)$$
$$Exp\_ca(j) = Exp\_ca\_zh(j) + Exp\_ca\_fh(j)$$
$$Exp\_ea(j) = Exp\_ea\_zh(j) + Exp\_ea\_fh(j)$$

其中：

j 代表年份；

$Exp(j)$：j 年基金总支出；

$Exp\_tc(j)$：j 年统筹基金支出；

$Exp\_ca(j)$：j 年实账个人账户基金支出；

$Exp\_jb(j)$：j 年统筹基金基本养老金支出；

$Exp\_sz(j)$：j 年丧葬抚恤补助费支出；

$Exp\_qt(j)$：j 年其他支出；

$Exp\_jc(j)$：j 年基础养老金支出；

$Exp\_ea(j)$：j 年空账个人账户支出；

$Exp\_gd(j)$：j 年过渡性养老金支出；

$Exp\_lrjb(j)$：j 年老人基本养老金支出；

$Exp\_ca\_cs(j)$：j 年实账个人账户长寿基金支出；

$Exp\_ca\_zh(j)$：j 年实账个人账户养老金支出；

$Exp\_ca\_fh(j)$：j 年实账个人账户余额返还支出；

$Exp\_ea\_zh(j)$：j 年空账个人账户养老金支出；

$Exp\_ea\_fh(j)$：j 年空账个人账户余额返还支出。

释例：

①基金支出＝统筹基金支出＋实账个人账户基金支出。

②统筹基金支出＝统筹基金基本养老金支出＋丧葬抚恤补助费支出＋其他支出。

③统筹基金基本养老金支出＝基础养老金支出＋空账个人账户支出＋过

渡性养老金支出＋老人基本养老金支出＋实账个人账户长寿基金支出。

④空账个人账户基金支出＝空账个人账户养老金支出＋空账个人账户余额返还。

⑤实账个人账户基金支出＝实账个人账户养老金支出＋实账个人账户余额返还。

在基金支出的总体模式下，若退休人员的身份按照原单位人员和原个人参保人员进行划分，统筹基金基本养老金支出和实账个人账户基金支出可分别表示如下（见图1.22和图1.23）。

在此基础上，PFA为进一步反映我国养老保险制度在不同实施阶段的不同人群养老金支出变化情况，规定预测起始年制度内已退休人员为"老人"，在首次建立个人账户年份前进入制度的参保职工称为"中人"，在此之后进入制度的参保职工称为"新人"。其中，"老人"的养老金构成比较单一，不做详述；"中人"的基本养老金由基础养老金、个人账户养老金和过渡性养老金构成；"新人"的基本养老金则由基础养老金和个人账户养老金构成（见图1.24）。此外，对于部分已开始做实工作的地区，账户养老金又可分为实账个人账户养老金和空账个人账户养老金。

下面我们将对构成"中人"和"新人"养老金支出的基础养老金支出、空账个人账户养老金支出、实账个人账户养老金支出以及过渡性养老金支出等部分进行重点介绍。

(一) 基础养老金支出

由"中人"和"新人"退休人员基础养老金以及调整待遇金额组成（见图1.25）。

具体用数学公式可表示为：

$$Jc\_xt(j) = (U(j)+V_a(j))/2 \times N(j) \times 1\%$$

$$V_a(j) = V_{n-1}(j) \times t_1(j)$$

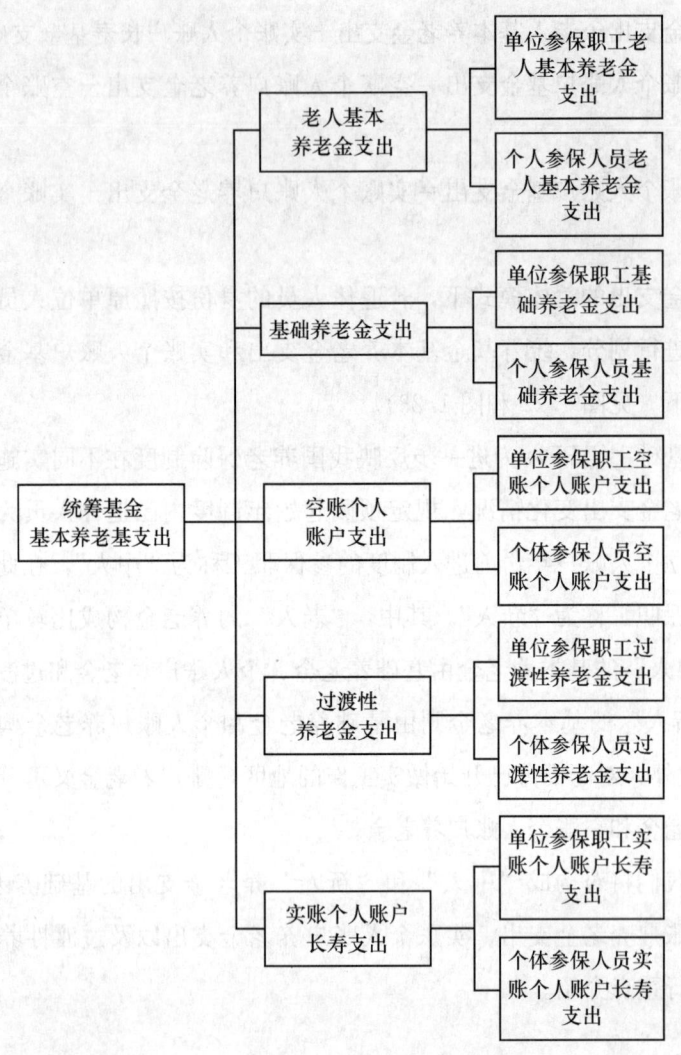

图 1.22 按参保类型的统筹基金基本养老金支出模块

$$t_1(j) = (t_{qs} + \sum_{j=qs}^{qs+n-1} t(j))/(n-1)$$

当 $n \geqslant 1$ 时

其中：

j 代表年份，n 代表缴费年限，qs 为起始年份；

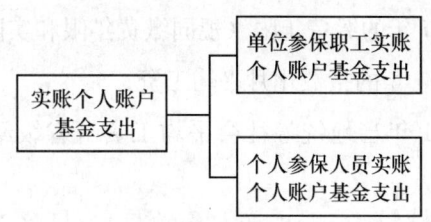

图 1.23　按参保类型的实账个人账户基金支出模块

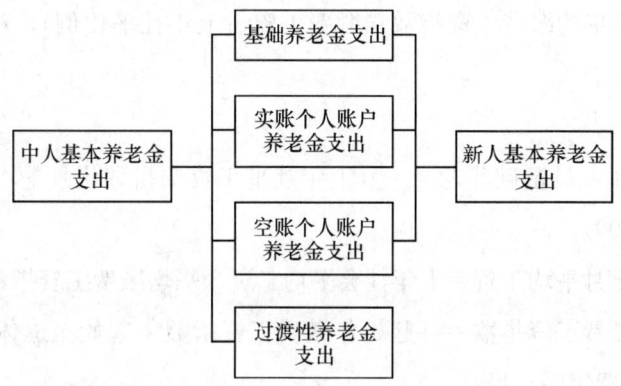

图 1.24　按制度人群划分基本养老金支出

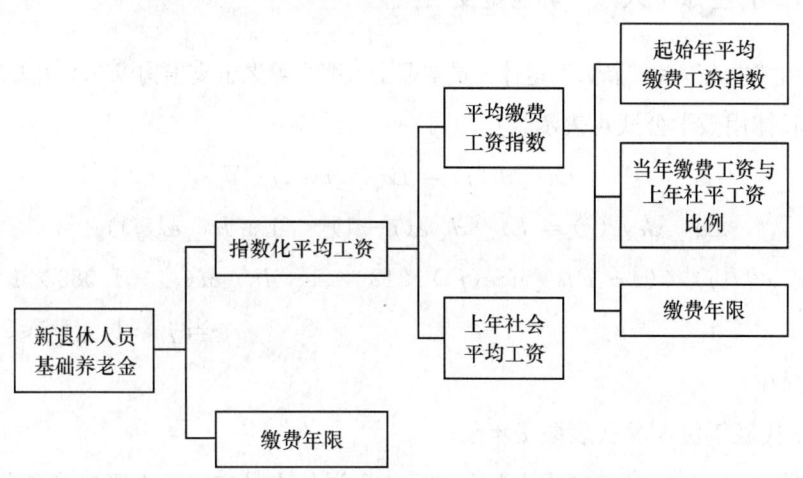

图 1.25　新退休人员基础养老金

$U(j)$：$j-1$ 年社会平均工资；

$N(j)$：截止到 j 年的缴费年限（视同缴费年限和实际缴费年限之和）；

$V_a(j)$：截止到 j 年的指数化月平均工资；

$V_n-1(j)$：$j-1$ 年当地统筹社会平均工资（省级经办机构计算时 $U=V_n-1$）；

$t_1(j)$：截止到 j 年平均缴费工资指数；

t_{qs}：起始年平均缴费工资指数，包含视同缴费年限段；

$t(j)$：j 年的缴费工资指数（缴费工资占上年社平比例），j 为起始年后的某一年。

释例：

①新退休人员基础养老金＝（上年社平工资＋指数化月平均工资）/2×（缴费年限/100）。

②指数化月平均工资＝上年社会平均工资×平均缴费工资指数。

③平均缴费工资指数＝（起始年缴费工资指数＋起始至退休前缴费工资指数）/（缴费年限－1）。

(二) 空账个人账户养老金支出

由"中人"和"新人"退休人员空账个人账户养老金支出构成（见图1.26）。

具体用数学公式可表示为：

$$Ea\_zh(j) = Ea\_zhye(j)/Y$$

$$Ea\_zhye(j) = Ea\_zhye(j-1) \times (1+Ir\_ea(j)) + t(j) \times U(j) \times (1-Pas\_size(j)) \times 12 \times (1+Ir\_ea(j) \times 1.083 \times 1/2)$$

当 $j \geqslant 1$，且 $j \leqslant N$ 时

其中：

j 代表年份，N 代表缴费年限；

$Ea\_zh(j)$：j 年"中人"和"新人"退休人员空账个人账户养老金；

$Ea\_zhye(j)$：j 年"中人"和"新人"退休人员空账个人账户余额；

Y：个人账户养老金计发月数；

第一章　PFA的使用与原理

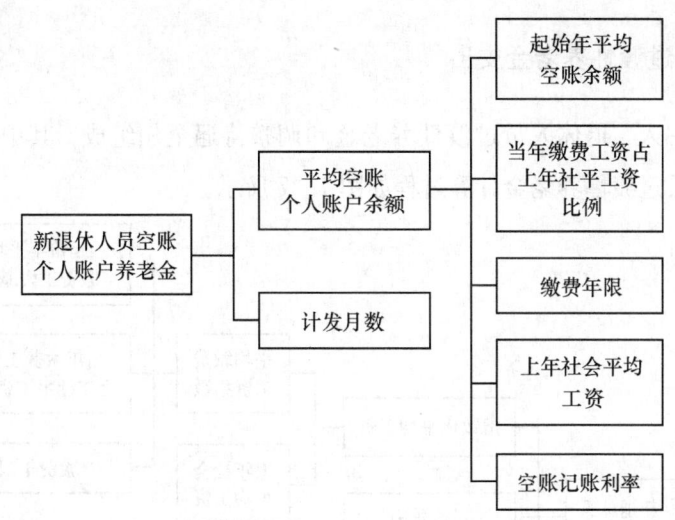

图1.26　空账个人账户养老金

Ea_zhye ($j-1$)：$j-1$年"中人"和"新人"退休人员空账个人账户余额；

Ir_ea (j)：j年空账个人账户利率；

t (j)：j年的缴费工资指数（缴费工资占上年社平比例）；

U (j)：$j-1$年社会平均工资。

说明：

①空账个人账户养老金＝"中人"和"新人"退休人员空账个人账户余额/个人账户养老金计发月数。

②"中人"和"新人"退休人员空账个人账户余额＝上年"中人"和"新人"退休人员空账个人账户余额×（1＋当年利率）＋当年缴费计入空账个人账户金额＋当年缴费计入空账个人账户金额形成的利息。

③当年缴费计入空账个人账户金额＝当年的缴费工资指数×上年在岗职工平均工资×个人账户记账比例。

④当年缴费计入空账个人账户金额形成的利息＝本金×（1＋当年利率×1.083×1/2）。

(三) 过渡性养老金支出

由"中人"退休人员过渡性养老金和调整待遇金额组成。其中,"中人"新退休人员过渡性养老金计算过程如图 1.27 所示。

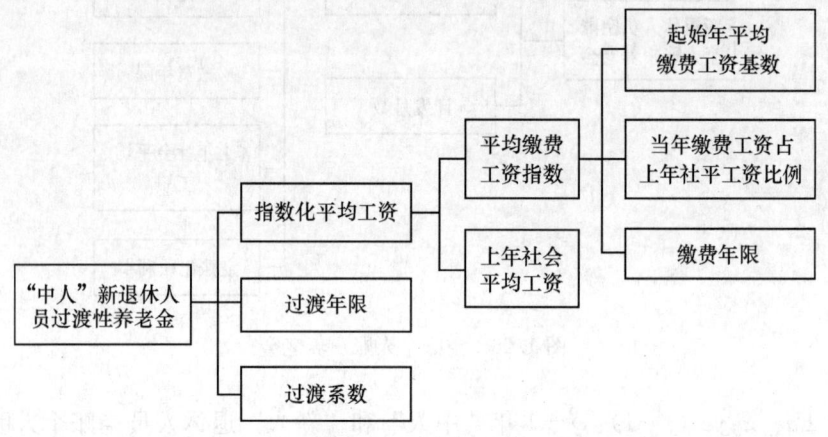

图 1.27 "中人"新退休人员过渡性养老金

具体用数学公式可表示为:

$$gd\_xt(j) = V_b(j) \times n_1 \times G$$

$$V_b(j) = V_{n-1}(j) \times t_2$$

$$t_2 = \sum_{j=qs}^{qs+n-1} t(j)/(n-1)$$

当 $n \geqslant 1$ 时

其中:

j 代表年份,n 代表缴费年限,qs 为起始年份且大于等于建立个人账户日期;

$gd\_xt(j)$:j 年"中人"新退休人员过渡性养老金;

$V_b(j)$:j 年"中人"新退休人员的指数化月平均缴费工资;

n_1:视同缴费年限;

G:过渡系数;

$V_n-1(j)$：$j-1$ 年当地统筹社会平均工资；

t_2：过渡性养老金平均缴费工资指数（对应实际缴费且计入账户的时间段）；

$t(j)$：j 年的缴费工资指数（实际缴费工资占上年社平比例）。

说明：

① "中人"新退休人员过渡性养老金＝"中人"新退休人员的指数化月平均缴费工资×视同缴费年限×过渡系数。

② "中人"新退休人员的指数化月平均缴费工资＝上年社会平均工资×过渡性养老金平均缴费工资指数。

③ 过渡性养老金平均缴费工资指数＝从建立个人账户时间到退休前一年缴费工资占上年社平比例的算术平均数。

(四) 实账个人账户养老金支出

由"中人"和"新人"退休人员实账个人账户养老金支出构成（见图1.28）。

对比可见，实账个人账户养老金支出及新退休人员实账个人账户养老金

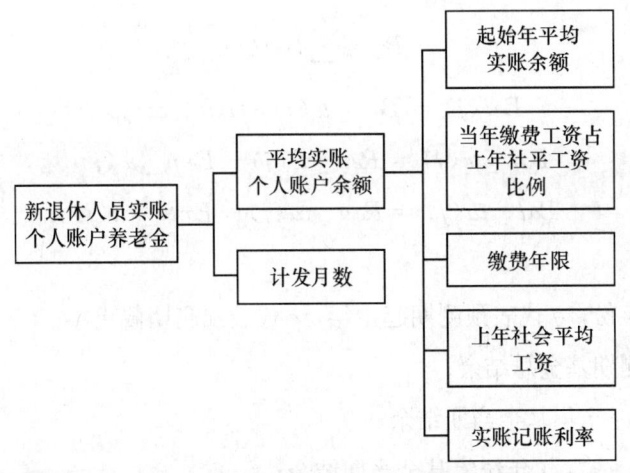

图 1.28 实账个人账户养老金支出

与空账个人账户养老金支出及新退休人员空账个人账户养老金基础性养老金支出模块类似，主要区别是使用实账部分信息进行计算，因此不再展开阐述。

六、基金结余模块

基金结余模块的功能是计算预测期内基金结余。主要包括统筹基金结余、实账个人账户基金结余和基金的总结余等（见图1.29）。

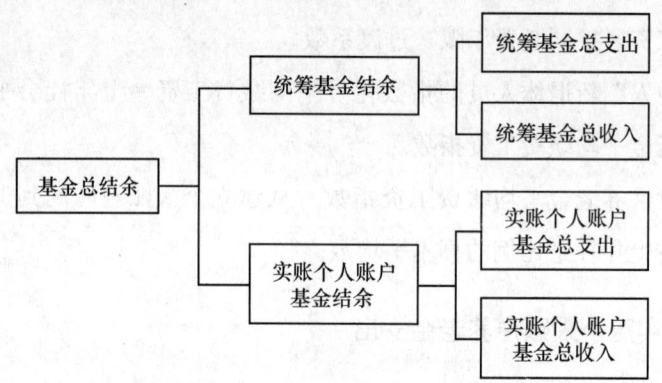

图1.29 基金结余模块

具体用数学公式可表示为：

$$B = \sum_{j=q}^{e} Bal(j)$$

$$Bal(j) = Bal\_tc(j) + Bal\_ca(j)$$

$$Bal\_tc(j) = Rev\_tc(j) - Exp\_tc(j)$$

$$Bal\_ca(j) = Rev\_ca(j) - Exp\_ca(j)$$

其中：

j 代表年份，q 代表预测期起始年，e 代表预测期截止年；

B：预测期基金总结余；

$Bal(j)$：j 年基金当期结余；

$Bal\_tc(j)$：j 年统筹基金当期结余；

$Bal\_ca(j)$：j 年个人实账基金当期结余。

说明：

①基金总结余＝截至当年末的基金滚存结余。

②基金当期结余＝统筹基金当期结余＋个人实账基金当期结余。

③统筹基金当期结余＝统筹基金收入－统筹基金支出。

④个人实账基金当期结余＝个人实账基金收入－个人实账基金支出。

第二章 PFA 输入工作簿的指标解释与数据采集

第一节 综 合 表

"综合表"涉及 PFA 运行所需的基本选项和预测起始年的一些基础数据，由三方面内容构成：一是年份，包括起始年、终止年和建立个人账户年份；二是起始年基础数据，包括本地区国内生产总值（GDP）、财政收入、月平均工资、统筹基金结余、个人账户基金结余；三是计算方式的选择，包括本地区农村迁入城镇人口计算方式、新增参保职工计算方式和新退休缴费年限计算方式（见图 2.1）。

一、年份

1. "起始年"（是否调整为基准年）

该指标为测算期的起始年份。填写格式为"××××"，如"2008"。

2. "终止年"

该指标为预测期的结束年份。填写格式为"××××"，如"2058"。

3. "建立个人账户年份"

该指标为本地区建立企业养老保险个人账户的年份。填写格式为"××××"，如"1993"。

二、起始年基础数据

1. "GDP"

第二章 PFA输入工作簿的指标解释与数据采集

起始年	终止年	建立个人账户年份
2008	2058	1993

起始年基础数据		
GDP	起始年财政收入	月平均工资（元）
63543321	21003356	2302

统筹基金结余（万元）	个人账户基金结余（万元）	使用者
1242680	520777	

本地区农村迁入城镇人口计算方式：	1
注：1 按比例计算，2 按定额计算	

新增参保职工计算方式：	1
注：1 按上年未参保就业人员比例计算　2 新参保人员按定额计算　3 按当年城镇人口比例计算　4 参保人员总数按定额计算	

新退休缴费年限计算方式：	1
注：1 直接给定，2 模型内推	

图2.1 综合表

该指标为起始年本地区国内生产总值（GDP）（单位：万元）。按照测算期起始年本行政区域《国民经济和社会发展统计公报》或《统计年鉴》公布的"本地区生产总值"填写。

2. "财政收入"

该指标为起始年本地区财政收入总额（单位：万元）。按照"起始年"本行政区域《国民经济和社会发展统计公报》或《统计年鉴》公布的"财政总收入"数据填写。

3. "月平均工资"

该指标为测算期起始年本地区全社会在岗职工月平均工资（以下简称"月平均工资"）（单位：元）。按照起始年本行政区域《统计年鉴》或人力资源和社会保障部门对外公布的"全社会在岗职工年平均工资"转换为月平均工资后填列。

全社会在岗职工月平均工资＝全社会在岗职工年平均工资/12。

4. "统筹基金结余"

该指标为起始年年末企业养老保险统筹基金结余总额（单位：万元）。按照起始年人力资源和社会保障部社会保险基金年报（以下简称"社会保险基金年报"）《基本养老保险基金收支表（统筹）》中"企业＋其他"项目的"期末滚存结余"总额填写。

5."个人账户基金结余"

该指标为起始年年末养老保险统筹基金个人账户的结余总额（单位：万元）。按照测算期起始年社会保险基金年报《企业养老保险做实个人账户基金收支表》的"期末滚存结余"总额填写。

6."使用者"

该指标为使用 PFA 进行企业养老保险基金精算测算分析的工作人员姓名。

三、计算方式选择

1."本地区农村迁入城镇人口计算方式"

该选项用于计算本地区农村迁入城镇人口情况。PFA 提供了两种计算方式：

（1）按比例计算；

（2）按定额计算。

可以根据本地实际情况选择计算方式，详细的信息可参考本章第二节第五点的介绍。

2."新增参保职工计算方式"

该选项用于计算新增在职参保人员情况。PFA 提供了四种计算方式：

（1）按上年未参保就业人员比例计算；

（2）按定额计算；

（3）按当年城镇人口比例计算；

（4）按在职参保人员总数定额计算。

可以根据本地实际情况选择计算方式，详细的信息可参考本章第三节第五点的介绍。

3."新退休缴费年限计算方式"

该选项用于计算新退休人员的缴费年限情况。PFA 提供了两种计算方式：

（1）直接给定，即根据采集的起始年新退休人员的缴费年限直接录入；

（2）模型内推，以用户填入起始年在职参保人员的缴费年限数据为基础，PFA 通过预设的计算方法，结合当前在职参保人员的年龄、性别情况以及预计的未来缴费状况，自动推算出测算期内各年份的新退休人员的缴费年限。

可以根据本地实际情况选择计算方式，详细的信息可参考本章第五节第二点的介绍。

第二节 人口参数表

"人口参数表"涉及 PFA 运行所需要的人口基础数据和主要参数。由五方面内容组成：起始年人口、死亡率、生育率、出生婴儿性别比以及人口迁移。

一、起始年人口

该指标反映起始年本地区农村和城镇人口数情况（单位：万人）。要求填列分年龄、分性别数据（见图 2.2）。

1."农村人口"

年龄	起始年人口（万人）			
	农村人口		城镇人口	
	男	女	男	女
0	0.00	0.00	4.57	4.24
1	0.00	0.00	3.95	3.71
.	.	.	.	.
.	.	.	.	.
.	.	.	.	.
100	0.00	0.01	0.03	0.07

图 2.2 起始年人口

一般以最近一次人口普查《分年龄、性别人口（乡村）》的数据为基础，结合本地区各年度统计公报（年鉴）公布的1%人口抽样数据及人口数据变化情况，对数据进行适当调整后填列。各年龄段人口合计数应等于本地区统计局公布的乡村人口总数。

2."城镇人口"

一般以最近一次人口普查《分年龄、性别人口（市）》与《分年龄、性别人口（镇）》之和的数据为基础，结合本地区各年度统计公报（年鉴）公布的1%人口抽样数据及人口数据变化情况，对数据进行适当调整后填列。各年龄段人口合计数应等于本地区统计局公布的城镇人口数。

二、死亡率

死亡率是用来衡量一部分人口中，一定规模的人口大小每单位时间的死亡数目（整体或归因于指定因素）。死亡率通常以每年每一千人为单位来表示。例如，死亡率为6.5‰，表示每一千人中每年死亡人数为6.5人。

该指标反映起始年至终止年的农村死亡率、城镇死亡率和参保人员死亡率情况（单位：‰，PFA中以小数表示）。要求填列分年龄、分性别数据（见图2.3）。

年龄	农村死亡率				城镇死亡率				参保人员死亡率			
	男		女		男		女		男		女	
	2010	2060	2010	2060	2010	2060	2010	2060	2010	2060	2010	2060
0	0.008	0.008	0.003	0.003	0.004	0.004	0.004	0.004	0.003	0.003	0.003	0.003
1	0.005	0.005	0.002	0.002	0.001	0.001	0.000	0.000	0.001	0.001	0.000	0.000
...	.	.	.	.	.	.	.	.	.	.	.	.
100	1.000	1.000	1.000	1.000	1.000	1.000	1.000	1.000	1.000	1.000	1.000	1.000

图2.3 死亡率

一般来说，城镇人口死亡率低于农村人口死亡率，参保人员死亡率低于城镇人口死亡率。需注意的是，使用PFA时极限年龄（如：100岁）的死亡率必须设置为1。

1."农村死亡率"

起始年农村死亡率，一般以最近一次人口普查《分年龄、性别的死亡人口状态（乡村）》的数据为基础，结合各年度各地统计公报（年鉴）公布的1‰人口抽样数据及人口数据变化情况，对数据进行适当调整后填列。

2."城镇死亡率"

起始年城镇死亡率，一般以最近一次人口普查《分年龄、性别的死亡人口状态（市）》与《分年龄、性别的死亡人口状态（镇）》中"平均人口"与"死亡人口"按年龄、性别分别相加后，再分别将各年龄、性别的死亡总人口除以平均总人口，计算出分年龄、分性别的各组城镇死亡率。在此基础上，结合各年度各地统计公报（年鉴）公布的1‰人口抽样数据及人口数据变化情况，对数据进行适当调整后填列。

3."参保人员死亡率"

以假定参保人员中在职参保人员和退休人员的死亡率相同为基础，起始年参保人员死亡率可使用以下方法采集：

（1）采用本地区社会保险经办机构企业养老保险信息系统中起始年分年龄、性别的年度参保人员死亡数和年平均参保人数，计算出起始年分年龄、性别的参保人员死亡率。

（2）采用人力资源和社会保障部信息中心下发的"金保工程联网检测软件"所统计的本地区养老保险数据库中对应的参保人员死亡率。

（3）采用调整后的本地区城镇人口死亡率作为参保人员死亡率（使用该种方法需要在精算报告中加以说明）。

对于起始年以后的各年度数据，可以上年度为基础，结合对本地区社会经济发展情况的预测，分析测算后填列（PFA中所有涉及需要填列起始年以后数据的指标均可参考此方法，同时需要特别注意的是，PFA中起始年与终止年的数据为必填项，其中间年度的数据可根据需要以插入列的方式选择填列）。

三、生育率

生育率，亦称育龄妇女生育率，是指不同时期、不同地区育龄妇女的实际生育水平或生育子女的数量。PFA 中主要使用分年龄生育率和总和生育率。分年龄生育率（特定为 15～49 岁）是指一定年龄组中每 1 000 名妇女的全年活产婴儿数，通常以‰为单位表示，在 PFA 中以小数表示。一般情况下，20～29 岁的生育率处于育龄期间的最高值。例如，如果某一年龄组的生育率是 30‰，意味着在这一特定的年龄组中，每 1 000 名妇女会在当年产下 30 个婴儿，在 PFA 中表示为 0.03。总和生育率是对分年龄生育率进行"等权"相加后得到，用于表明不同地区生育水平的差异。目前，我国总和生育率的取值范围一般为 0.8～2.2。

该指标反映起始年至终止年本地区的农村和城镇生育率情况。要求填列分年龄、分性别数据（见图 2.4）。

年龄	生育率					
	农村			城镇		
	2010	2030	2060	2010	2030	2060
15	0.000	0.000	0.000	0.000	0.000	0.000
16	0.000	0.000	0.000	0.000	0.000	0.000
⋮	⋮	⋮	⋮	⋮	⋮	⋮
49	0.000	0.000	0.000	0.000	0.000	0.000

图 2.4 生育率

1. "农村生育率"

起始年农村生育率，一般以最近一次人口普查《育龄妇女分年龄、孩次的生育状况（乡村）》的数据为基础，结合本地区各年度统计公报（年鉴）1‰人口抽样数据及乡村育龄妇女生育率变化情况，对数据进行适当调整后填列。

2. "城镇生育率"

起始年城镇生育率，一般以最近一次人口普查《育龄妇女分年龄、孩次的生育状况（城镇）》的数据为基础，结合本地区各年度统计公报（年鉴）1％人口抽样数据及城镇育龄妇女生育率变化情况，对数据进行适当调整后填列。

在实际操作中，若没有起始年本地区生育率数据，也可以采用调整后的全国农村或城镇生育率作为本地区农村或城镇生育率（使用该种方法需要在精算报告中加以说明）。

四、出生婴儿性别比

出生婴儿性别比是指出生婴儿中男性婴儿与女性婴儿数的比率。一般情况下，指0岁人口性别比。例如，如果某年出生婴儿性别比为1.03，意味着该年每出生100个女性婴儿就有103个男性婴儿出生。

该指标反映农村出生婴儿性别比和城镇出生婴儿性别比情况。要求填列分年数据（见图2.5），PFA中的取值范围一般为1.03～1.3。

年份	出生婴儿性别比	
	农村	城镇
	男:女	男:女
2008	1.22	1.19
2009	1.22	1.19
⋮	⋮	⋮
⋮	⋮	⋮
2058	1.05	1.05

图2.5 出生婴儿性别比

1．"农村出生婴儿性别比"

起始年农村出生婴儿性别比，一般以最近一次人口普查《分年龄、性别人口（乡村）》中0岁人口性别比为基础，结合各年度各地统计公报（年鉴）1％人口抽样数据及人口数据变化情况，对数据进行适当调整后填列。

2．"城镇出生婴儿性别比"

起始年城镇出生婴儿性别比，一般以最近一次人口普查《分年龄、性别人口（市）》和《分年龄、性别人口（镇）》中0岁年龄、分性别数据分别进行相加后，再将0岁男性人口除以0岁女性人口作为人口普查年度"城镇新生婴儿性别比"，以此数据为基础，结合各年度各地统计公报（年鉴）1％人口抽样数据及人口数据变化情况，对数据进行适当调整后填列。

在实际操作中，若没有测算起始年统筹区，可采用农村和城镇出生婴儿性别比的数据,也可以按照全国农村或城镇出生婴儿性别比乘以一定比例来作为本地区农村或城镇出生婴儿性别比(使用该种方法需要在精算报告中加以说明)。

五、人口迁移

该指标反映本地区和外地区农村和城镇人口的流动情况。包括本地区农村净迁入城镇人口、外地区净迁入农村人口和外地区净迁入城镇人口,要求填列分年龄、分性别数据(见图2.6)。

年龄	本地区农村净迁入城镇人口占农村上年末人口比例				本地区农村净迁入城镇人口(万人)				外地区净迁入农村人口数(万人)				外地区净迁入城镇人口数(万人)			
	男		女		男		女		男		女		男		女	
	2010	2060	2010	2060	2010	2060	2010	2060	2010	2060	2010	2060	2010	2060	2010	2060
0	0.014	0.027	0.014	0.027	0.066	0.079	0.092	0.105					0.041	0.041	0.038	0.038
1	0.016	0.032	0.016	0.032	0.080	0.096	0.112	0.128					0.035	0.035	0.033	0.033
⋮	⋮	⋮	⋮	⋮	⋮	⋮	⋮	⋮					⋮	⋮	⋮	⋮
100	0.017	0.019	0.017	0.019	0.000	0.000	0.001	0.001					0.000	0.000	0.001	0.001

图2.6 人口迁移

1."本地区农村净迁入城镇人口"

PFA提供了两种计算方式,可在"综合表"中选择:

(1)按比例计算(单位:%)。起始年一般以最近一次人口普查公布的分年龄、分性别农村净迁入城镇人口数除以本地区上年末农村人口数为基础,再结合本地区各年度农村人口分性别年龄结构进行适当调整后填列。例如,如果某一年龄段的变量值是3%,意味着在这一特定的年龄段中,农村当年每100人会有3人迁移到城镇,在PFA中转换为用小数点表示,即0.03。

(2)按定额计算(单位:万人)。起始年一般以最近一次人口普查公布的分年龄、分性别农村净迁入城镇人口数据为基础,再结合本地区统计局公布的农村人口迁移数据进行适当调整后填列。

2."外地区净迁入农村人口"

起始年该指标一般以最近一次人口普查公布的分年龄、分性别的外地区净迁入本地区农村人口数据为基础,再结合本地区统计局公布的外地区净迁入农村人口数据进行适当调整后填列。

3."外地区净迁入城镇人口"

起始年一般以最近一次人口普查公布分年龄、分性别的外地区净迁入本地区城镇人口数为基础，再结合统计局公布的各相关年份的外地区净迁入城镇人口数据进行适当调整后填列。

在实际操作中，若没有本地区起始年的相关人口迁移数据，可以按照全国相关人口迁移数据的一定比例作为本地区人口迁移数据（使用该种方法需要在精算报告中加以说明）。

第三节 就业与参保表

"就业与参保表"涉及 PFA 运行所需要的就业、在职参保职工以及退休人员等基础数据和主要参数，由七方面内容组成：预测起始年参保人员、劳动参与率、失业率、测算群体占就业人口比例、新增在职参保人员、单位和个人参保人员退休率以及一次性退休人员等。

一、预测起始年参保人员

该指标反映起始年企业在职参保职工和退休人员情况（单位：万人），要求填列分年龄、分性别数据（见图 2.7）。

年龄	单位参保职工（中）		单位参保职工（新）		个人参保人员（中）		个人参保人员（新）		单位退休人员		个人参保退休人员	
	男	女	男	女	男	女	男	女	男	女	男	女
16	0.00	0.00	0.00	0.00	0.00	0.00	0.00	0.00				
17	0.00	0.00	0.01	0.01	0.00	0.00	0.00					
⋮	⋮	⋮	⋮	⋮	⋮	⋮	⋮	⋮				
40	4.36	3.28	3.26	3.12	0.16	0.21	0.12	0.25	0.04	0.04	0.00	0.00
41	4.56	3.45	2.66	2.70	0.17	0.25	0.11	0.24	0.02	0.02	0.00	0.00
42	4.96	3.81	2.48	2.48	0.19	0.29	0.10	0.24	0.02	0.03	0.00	0.00
⋮									⋮	⋮	⋮	⋮
100									0.03	0.02	0.00	0.00

图 2.7 预测起始年参保人员情况

1. "在职参保职工"

在职参保职工包括单位参保职工和个人参保人员,并分为"中人"和"新人"。"中人"指本地区建立个人账户前参保职工;"新人"指本地区建立个人账户后参保职工。可按照"金保工程联网检测软件"《分性别、中新人按年龄分组企业参保职工人数》(统计表2.6.1)和《分性别、中新人按年龄分组以个人身份参保人员人数》(统计表2.6.2)的数据填列。

2. "退休人员"

退休人员包括单位退休人员与个人参保退休人员。可按照"金保工程联网检测软件"《分性别按年龄分组企业退休人数》(统计表3.1.12)和《分性别按年龄分组以个人身份参保退休人数》(统计表3.1.13)的数据填列。

以上数据也可根据本地区情况,以企业养老保险信息系统数据库中的相关数据填列。

二、劳动参与率

该指标反映城镇人口的劳动参与率,是就业人口与失业人口之和(即经济活动人口)同劳动力资源总数的比值,分年龄、分性别填写。如果某一年龄段男性劳动参与率为0.3,则意味着在这一特定年龄段,每100名男性城镇人口,有30人属于经济活动人口。

该指标反映起始年至终止年城镇人口劳动参与率情况,要求填列分年龄、分性别数据(见图2.8)。

年龄	劳动参与率			
	男		女	
	2010	2060	2010	2060
16	0.11	0.11	0.12	0.12
17	0.23	0.23	0.25	0.25
.	.	.	.	.
.	.	.	.	.
.	.	.	.	.
65	0.07	0.07	0.04	0.04

图2.8 劳动参与率

起始年一般以最近一次人口普查《分年龄、性别的经济活动人口》的（经济活动年龄段中：15岁至65岁）分年龄、分性别的就业人口数加上失业人口数除以15岁至65岁对应的人口数即为各年龄、性别组的劳动参与率，以此数据为基础，结合本地区各年度统计公报（年鉴）1%人口抽样数据及人口数据变化情况，对数据进行适当调整后填列。

若无起始年本地区的劳动力参与率数据，则可采用全国劳动参与率乘以一定比例来作为本地区劳动参与率（使用该种方法需要在精算报告中加以说明）。

三、失业率

失业率是指城镇失业人数同城镇经济活动人口总数（等于城镇失业人数加城镇就业人数）之比。例如，某一年龄段男性劳动参与率为0.4，失业率为0.05，意味着在这一特定年龄段，每100名男性城镇人口中有2人（等于100×0.4×0.05）失业。

该指标反映起始年至终止年的城镇失业率情况，要求填列分年龄、分性别数据（见图2.9）。

年龄	失业率			
	男		女	
	2010	2060	2010	2060
16	0.02	0.02	0.01	0.01
17	0.02	0.03	0.02	0.02
.	.	.	.	.
.	.	.	.	.
.	.	.	.	.
65	0.00		0.00	0.00

图2.9 失业率

起始年一般以最近一次本地区人口普查《分年龄、性别的经济活动人口》的（经济活动年龄段中：15岁至65岁）分年龄、分性别的失业人口数除以经济活动人口作为各年龄、性别组失业率的基础数据，结合本地区各年度统计公报（年鉴）1%人口抽样数据及人口数据变化情况，对数据进行适当调整后填列。

若无本地区起始年失业率数据，则可根据全国失业率乘以一定比例来作为本地区失业率（使用该种方法需要在精算报告中加以说明）。

四、测算群体占就业人口比例

该指标反映理论上应纳入城镇企业职工基本养老保险覆盖对象占当地就业人口的比例，要求填列分性别数据（见图 2.10）。

年份	测算群体占就业人口比例	
	男	女
	%	%
2008	97.81	97.81
2009	97.81	97.81
.	.	.
.	.	.
.	.	.
2058	97.81	97.81

图 2.10　测算群体占就业人口比例

起始年测算群体占就业人口比例，根据本地区实际情况填列。

五、新增在职参保人员

该指标反映起始年至终止年本地区各年份新增加的在职参保人员情况，包括参保职工和个人参保人员。PFA 提供了四种计算方式，可在"综合表"中进行选择。

1."按上年未参保就业人员比例计算"

要求填列分年龄、分性别数据（见图 2.11）。

起始年数据根据本地区当年新增参保职工和个人参保人员占上年未参保人员比例填列。

2."按定额计算"

要求填列分年龄、分性别数据（见图 2.12）。

起始年数据根据本地区当年新增参保职工和个人参保人员数据填列。

第二章 PFA 输入工作簿的指标解释与数据采集

年龄	新增单位参保人员占上年未参保人员比例				新增个人参保人员占上年未参保人员比例			
	男		女		男		女	
	2010	2060	2010	2060	2010	2060	2010	2060
16	0.01	0.01	0.01	0.01	0.00	0.00	0.00	0.00
17	0.02	0.04	0.02	0.03	0.00	0.01	0.00	0.00
.	.	.	.	.	.	.	.	.
.	.	.	.	.	.	.	.	.
.	.	.	.	.	.	.	.	.
50	0.03	0.05	0.00	0.00	0.05	0.10	0.00	0.00

图 2.11　新增单位和个人参保占上年未参保人员比例

年龄	新增参保单位职工				新增参保个人参保人员			
	男		女		男		女	
	2008	2058	2008	2058	2008	2058	2008	2058
16	0.00	0.00	0.00	0.00	0.00	0.00	0.00	0.00
17	0.01	0.00	0.01	0.00	0.00	0.00	0.00	0.00
.	.	.	.	.	.	.	.	.
.	.	.	.	.	.	.	.	.
.	.	.	.	.	.	.	.	.
65	0.00	0.00	0.00	0.00	0.00	0.00	0.00	0.00

图 2.12　新增参保单位职工和个人参保人员

3. "按当年城镇人口比例计算"

要求填列分年龄、分性别数据（见图 2.13）。

年龄	单位参保人数占城镇人口覆盖面				个人参保人数占城镇人口覆盖面			
	男		女		男		女	
	2008	2058	2008	2058	2008	2058	2008	2058
16	0.00	0.00	0.00	0.00	0.00	0.00	0.00	0.00
17	0.00	0.00	0.00	0.00	0.00	0.00	0.00	0.00
.	.	.	.	.	.	.	.	.
.	.	.	.	.	.	.	.	.
.	.	.	.	.	.	.	.	.
50	0.15	0.15	0.15	0.15	0.15	0.15	0.15	0.15

图 2.13　新增单位和个人参保人数占城镇人口覆盖面

起始年数据根据本地区当年参保职工和个人参保人员占城镇人口覆盖面的比例填列。

4. "按在职参保人员总数定额计算"

在填列参保职工和个人参保人员的基础上，再在新增单位参保人数分摊和新增个人参保人数分摊列继续填入分摊比例（见图 2.14 和图 2.15）。

年份	单位参保人数		个人身份参保人数	
	男	女	男	女
	万人	万人	万人	万人
2008				
2009				
.	.	.	.	.
.	.	.	.	.
2058				

图 2.14　参保总人数

年龄	新增单位参保人数分摊				新增个人参保人数分摊			
	男		女		男		女	
	2008	2058	2008	2058	2008	2058	2008	2058
21	0.10	0.10	0.10	0.10	0.10	0.10	0.10	0.10
22	0.10	0.10	0.10	0.10	0.10	0.10	0.10	0.10
23	0.10	0.10	0.10	0.10	0.10	0.10	0.10	0.10

图 2.15　新增参保人数分摊

六、单位和个人参保人员退休率

该指标反映起始年至终止年本地区各年份新增加的在职参保人员的退休率情况，包括参保职工退休率和个人参保人员退休率。要求填列分年龄、分性别数据（见图 2.16）。

年龄	单位职工退休率				个人参保人员退休率			
	男		女		男		女	
	2010	2060	2010	2060	2010	2060	2010	2060
40	0.00	0.00	0.00	0.00	0.01	0.01	0.01	0.01
41	0.00	0.00	0.00	0.00	0.01	0.01	0.00	0.00
.	.	.	.	.	.	.	.	.
.	.	.	.	.	.	.	.	.
66	1.00	1.00	1.00	1.00	1.00	1.00	1.00	1.00

图 2.16　单位和个人参保人员退休率

起始年参保职工退休率和个人参保人员退休率，根据当年本地区新增加的参保职工退休人员和个人参保退休人员除以上年本地区参保职工人数的个人参保人数的比例填列。

七、一次性退休人员

该指标反映起始年至终止年本地区各年份经一次性缴费后享受养老保险待遇的退休人员情况（单位：万人），要求填列分年龄、分性别数据（见图2.17）。

年龄	一次性退休人员			
	男		女	
	2008	2058	2009	2058
45	10.00	0.00	10.00	0.00
46	10.00	0.00	10.00	0.00
47	10.00	0.00	10.00	0.00

图2.17 一次性退休人员

起始年一次性退休人数根据本地区实际情况填列。

第四节 制度运行（1）

"制度运行（1）表"涉及PFA运行所需要的企业养老保险制度运行相关参数，由十五项内容组成：参保职工费率、个人参保人员费率、做实比例、缴费人员比例、征缴率、清欠和预缴、财政补贴、基金收益率、记账利率、其他收入、过渡系数、养老金调整、月养老金补贴、人均丧葬抚恤费支出以及其他支出等。

一、参保职工费率

该指标反映起始年至终止年本地区各年份参加企业养老保险的单位及参保职工的缴费率情况，要求填列分年份数据（见图2.18）。

1."社会统筹"

根据本地区规定，参加企业养老保险的单位应缴纳的社会统筹部分的缴费率。

2."缴费基数比"

年份	参保职工费率		
	社会统筹 %	缴费基数比	个人账户 %
2008	22.0	1.00	8.0
2009	22.0	1.00	8.0
⋮	⋮	⋮	⋮
2058	22.0	1.00	8.0

图 2.18　参保职工费率

参加企业养老保险的单位的缴费基数总额与该单位参保职工个人缴费基数总额的比值，与以个人身份参保职工缴费基数无关。该指标主要适用于存在双基数征缴的地区，由于实行双基数征缴，则导致单位缴费基数总额和职工个人缴费基数总额不一致的情况，为了保证预测统筹基金的准确性，因此加入此指标。

3．"个人账户"

根据本地区规定，参加企业养老保险的单位的参保职工应缴纳的个人账户部分的缴费率。

二、个人参保人员费率

该指标反映起始年至终止年本地区各年份参加企业养老保险的个人参保人员的缴费率情况，要求填列分年份数据（见图 2.19）。

个人参保人员一般指无雇工的个体工商户、未在用人单位参加基本养老保险的非全日制从业人员以及其他灵活就业人员等以个人身份参加基本养老保险的人员。

三、做实比例

该指标反映本地区起始年至终止年各年份个人账户做实的比例情况，要求填列分年份数据（见图 2.20）。

年份	个人参保人员费率
	%
2008	30.0
2009	30.0
·	·
·	·
·	·
2058	30.0

图 2.19　个人参保人员费率

年份	做实比例
	%
2008	0.0
2009	0.0
·	·
·	·
·	·
2058	0.0

图 2.20　做实比例

若本地区尚未做实个人账户，可不必填列。

四、缴费人员比例

该指标反映起始年至终止年本地区各年份在职参保人员中缴费人员所占比例的情况，要求填列分年份数据（见图 2.21）。

1. “单位缴费人员比例”

起始年根据人力资源和社会保障部社会保险统计年报（以下简称“社会保险统计年报”）《参加基本养老保险人员情况》（人社统 EI5 号）的缴费人员（企业）的期末数除以参保职工（企业）的期末数后所得填列。

年份	缴费人员比例
	%
2008	90.0
2009	90.0
2010	90.0

图 2.21　缴费人员比例

2. “个人缴费人员比例”

起始年根据社会保险统计年报《参加基本养老保险人员情况》（人社统 EI5 号）的缴费人员（其他）的期末数除以参保职工（其他）的期末数后所得填列。

五、征缴率

该指标反映起始年至终止年本地区各年份实际征收的养老保险费金额与核定应征收的养老保险费金额的比例，要求填列分年份数据（见图 2.22）。

起始年根据社会保险统计年报《养老保险基金缴拨情况》（人社统 EI6

号)的本期(企业+其他)单位缴费与本期个人缴费实缴之和除以应缴之和后所得比例填列。

六、清欠和预缴

该指标反映起始年至终止年本地区各年份清理收回以前年度欠费(不含核销)和预缴以后年度养老保险费的情况,要求填列分年份数据(见图2.23)。PFA提供了两种计算方式(两种方式任选其一,不能重复)。

年份	征缴率 %
2008	0.0
2009	0.0
.	.
.	.
.	.
2058	0.0

图2.22 征缴率

年份	清欠和预缴占比 %	清欠和预缴收入金额 亿元
2008	0.00	0.00
2009	0.00	0.00
.	.	.
.	.	.
.	.	.
2058	0.00	0.00

图2.23 清欠和预缴收入

1."清欠和预缴占比"

起始年根据社会保险基金年报《××年社会保险补充资料表(二)》的清欠和预缴收入与实缴当年养老保险费的比值填列。

2."清欠和预缴收入金额"

起始年根据社会保险基金年报《××年社会保险补充资料表(二)》的清欠和预缴收入填列。

七、财政补贴

该指标反映起始年至终止年本地区各年份中央和地方财政对企业养老保险进行补贴的情况,要求填列分年份数据(见图2.24)。PFA提供了两种计算方式(两种方式任选其一,不能重复)。

1."财政补贴占统筹基金支出比例"

起始年根据社会保险基金年报《基本养老保险基金收支表》(年报02表)

年份	财政补贴占统筹基金支出比例		财政补贴金额	
	中央 %	地方 %	中央 亿元	地方 亿元
2008	0.00		0.00	72.49
2009	0.00		0.00	66.80
...	...	...	...	...
2058	0.00		0.00	0.00

图 2.24 财政补贴

的"中央财政补助"和"地方财政补助"的企业＋其他所列数值与社会保险基金年报《基本养老保险基金收支表》的"基本养老金支出"的企业＋其他（扣除"离休金"）的比值填列。

2."财政补贴金额"

起始年根据社会保险基金年报《基本养老保险基金收支表》（年报 02 表）的"中央财政补助"和"地方财政补助"的企业＋其他所列数值填列。

八、基金收益率

该指标反映起始年至终止年本地区各年份企业养老保险统筹基金和个人账户做实基金通过存入银行、投资以及其他保值增值方式而获取的收益情况，要求填列分年份数据（见图 2.25）。

起始年根据本地区实际情况填列。

九、记账利率

该指标反映起始年至终止年本地区各年份个人账户的非做实和做实部分的记账利率情况，要求填列分年份数据（见图 2.26）。

起始年根据社会保障行政部门公布的记账利率填列。

十、其他收入

该指标反映起始年至终止年本地区各年份企业养老保险的其他收入情况，

年份	基金收益率	
	统筹基金 %	做实基金 %
2008	2.85	2.85
2009	2.85	2.85
.	.	.
.	.	.
.	.	.
2058	2.85	2.85

图 2.25 基金收益率

年份	记账利率	
	空账 %	实账 %
2008	3.25	3.25
2009	3.25	3.25
.	.	.
.	.	.
.	.	.
2058	3.25	3.25

图 2.26 记账利率

要求填列分年份数据（见图 2.27）。其他收入指养老保险统筹基金总收入减去基本养老保险费收入、利息收入、财政补贴收入、运营收益以外的所有收入。PFA 提供了两种计算方式（两种方式任选其一，不能重复）。

1. "其他收入比例"

起始年根据社会保险基金年报《基本养老保险基金收支表（统筹）》的"企业＋其他"中"其他收入"与"转移收入"之和与社会保险基金年报《基本养老保险基金收支表（统筹）》中"基本养老保险费收入"的比值填列。

年份	其他收入比例 %	其他收入金额 亿元
2008	0.65	0.00
2009	0.65	0.00
.	.	.
.	.	.
.	.	.
2058	0.65	0.00

图 2.27 其他收入

2. "其他收入金额"

起始年根据社会保险基金年报《基本养老保险基金收支表（统筹）》的"企业＋其他"中"其他收入"与"转移收入"之和填列。

十一、过渡系数

该指标反映起始年至终止年本地区各年份过渡系数的情况，要求填列分年份数据（见图 2.28）。

过渡系数是计算过渡性养老金的一个重要参数，主要是用来平衡有视同缴费年限的"中人"和没有视同缴费年限的"新人"之间的个人账户养老金的差异。

过渡系数一经确定，一般不得随意更改。根据《关于完善企业职工基本养老保险制度的决定》(国发〔2005〕38号)的测算要求,过渡系数的取值范围一般限定在1.0~1.4。

十二、养老金调整

该指标反映起始年至终止年本地区各年份退休人员养老金水平年度调整的情况,要求填列分年份数据(见图2.29)。PFA提供了两种计算方式(两种方式任选其一,不能重复)。

年份	过渡系数
	%
2008	1.40
2009	1.40
.	.
.	.
.	.
2058	1.40

图2.28 过渡系数

年份	养老金调整系数	月人均养老金调整额
	%	(元)
2008	9.01	
2009	11.50	
.	.	.
.	.	.
.	.	.
2058	10.00	

图2.29 养老金调整

1. "养老金调整系数"

起始年根据养老金增加水平与社会平均工资的比值,并结合社会平均工资增长情况填列。例如,养老金增加水平为上一年度在岗职工工资增长率的60%,即如果上一年在岗职工平均工资增长率为8%,则养老金调整系数为4.8%。

2. "月人均养老金调整额"

起始年根据本地区实际养老金增加水平填列。

十三、月养老金补贴

该指标反映起始年至终止年本地区各年份每月对退休人员的定额补贴情况,要求填列分年份数据(见图2.30)。

"中人"月养老金补贴指其养老金构成中除去"基础养老金""过渡性养老金"和"个人账户养老金"后的余额,有的地方称其为"调节性"养老金。

十四、人均丧葬抚恤费支出

该指标反映起始年至终止年本地区各年份企业养老保险参保人员死亡时所给予的一次性丧葬费抚恤金的人均标准,要求填列分年份数据(见图2.31)。

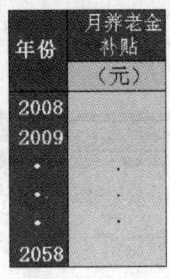

图 2.30 月养老金补贴

图 2.31 人均丧葬费支出

起始年根据社会保险基金年报《基本养老保险基金收支表(统筹)》的(企业＋其他)"丧葬抚恤补助支出"除以社会保险统计年报《参加基本养老保险人员情况》(人社统 EI5 号)"本期死亡离退休人数"期末数的结果填列。

十五、其他支出

该指标反映起始年至终止年本地区各年份企业养老保险其他支出情况,要求填列分年份数据(见图2.32)。其他支出指企业养老保险统筹基金总支出中扣除基本养老金支出、医疗补助金支出、丧葬抚恤补助支出外的部分。PFA 提供了两种计算方式(两种方式任选其一,不能重复)。

1."其他支出比例"

起始年根据社会保险基金年报《基本养老保险基金收支表》(年报 02 表)的"企业＋其他"中"其他支出"与"转移支出"之和除以"基本养老金支出"的比值填列。

图 2.32 其他支出

2."其他支出金额"

起始年根据社会保险基金年报《基本养老保险基金收支表(统筹)》的"企业+其他"中"其他支出"与"转移支出"之和填列。

第五节 制度运行(2)

"制度运行(2)表"涉及PFA运行所需要的企业养老保险制度运行相关参数,由八项内容组成:缴费基数、参保缴费年限、起始年平均缴费工资指数、起始年人均个人账户空账余额、起始年人均个人账户实账余额、现有退休人员养老金水平、一次性退休人员养老金水平以及计发月数。

一、缴费基数

该指标反映起始年至终止年本地区各年份在职参保人员缴费基数相当于上年职工平均工资的比例情况,要求填列分年龄、分性别数据(见图2.33)。例如,某职工当年的月缴费基数为1 600,上一年本地区的全社会在岗职工月平均工资为2 500,则该比例为1 600/2 500=0.64。由于在企业养老保险中一般情况下单位参保和个人参保人员的缴费基数水平不同,缴费费率也不一样,因此要求分参保职工和个人参保人员两类填列。

年龄	缴费工资相当于上年职工平均工资的比例(单位参保)				缴费工资相当于上年职工平均工资的比例(个人参保)			
	男		女		男		女	
	2008	2058	2008	2058	2008	2058	2008	2058
16	0.54	0.54	0.60	0.60	0.00	0.00	0.00	0.00
17	0.58	0.58	0.57	0.57	0.00	0.00	0.00	0.00
⋮	⋮	⋮	⋮	⋮	⋮	⋮	⋮	⋮
65	2.43	2.43	2.69	2.69	0.59	0.59	0.60	0.60

图2.33 缴费工资相当于上年职工平均工资的比例

1."缴费工资相当于上年职工平均工资的比例(单位参保)"

起始年根据本地区企业养老保险信息数据库中参保职工缴费基数,再除以上年度本地区在岗职工平均工资后得到的比例填列。

2."缴费工资相当于上年职工平均工资的比例（个人参保）"

起始年根据本地区企业养老保险信息数据库中个人参保人员缴费基数，再除以上年度本地区在岗职工平均工资后得到的比例填列。

二、参保缴费年限

该指标反映起始年至终止年本地区各年份参保人员的参保缴费年限（含视同缴费年限）情况，要求填列分年龄、分性别数据（见图2.34和图2.35）。PFA提供了两种计算方式，可以在"综合表"的"新退休缴费年限计算方式"中进行选择。

年龄	新退休人员平均缴费年限（单位参保）				新退休人员平均缴费年限（个人参保）			
	男		女		男		女	
	2008	2058	2008	2058	2008	2058	2008	2058
40	15	17	15	16	10	11	10	11
41	15	17	17	19	12	13	9	10
.	.	.	.	.	.	.	.	.
.	.	.	.	.	.	.	.	.
70	22	24	11	12	5	5	15	16

图2.34 新退休缴费年限

年龄	起始年在职参保缴费年限			
	单位参保		个人参保	
	男	女	男	女
16				
17				
.	.	.	.	.
.	.	.	.	.
70				

图2.35 起始年在职参保缴费年限

1."直接给定"

根据本地区企业养老保险信息数据库中当年新退休人员的平均缴费年限填列。

2."模型内推"

根据本地区企业养老保险信息数据库中全部参保人员（含在职参保人员和退休人员）的平均缴费年限填列。

三、起始年平均缴费工资指数

该指标反映截至起始年本地区参加企业养老保险的在职参保人员累计的平均缴费工资指数情况，要求填列分年龄、分性别数据（见图2.36）。平均缴费工资指数是指在职参保人员当年缴费工资基数总额除以当年本地区全社会在岗职工平均工资的比值。

年龄	起始年平均缴费工资指数（单位参保）				起始年平均缴费工资指数（个人参保）			
	新人		中人		新人		中人	
	男	女	男	女	男	女	男	女
16	1.00	1.00	1.00	1.00	1.00	1.00	1.00	1.00
17	1.00	1.00	1.00	1.00	1.00	1.00	1.00	1.00
...	.	.	.	.	.	.	.	.
65	1.00	1.00	1.00	1.00	1.00	1.00	1.00	1.00

图2.36 起始年平均缴费工资指数

平均缴费工资指数是计算现有参保人员在将来退休时所领取基础养老金的前提。该指标需要通过两次计算求得，首先计算每个参保人员以往各年的缴费工资指数，再通过简单平均得出每个人的平均累计缴费工资指数；其次对属于同一分类年龄组、性别组的进行汇总，再进行简单平均后得出。一般来说，起始年各年龄段平均缴费工资指数为0.5~1.5。

1."起始年平均缴费工资指数（单位参保）"

根据"金保工程联网检测软件"《分性别、中新人按年龄分组企业参保职工人均缴费指数》（统计表2.6.5）填列，也可以根据实际情况从本地区企业养老保险数据库中提取数据填列。

2."起始年平均缴费工资指数（个人参保）"

根据"金保工程联网检测软件"《分性别、中新人按年龄分组企业参保职工人均缴费指数》（统计表2.6.5）填列，也可以根据实际情况从本地区企业养老保险数据库中提取数据填列。

四、起始年人均个人账户空账余额

该指标反映截至起始年本地区参加企业养老保险的在职参保人员人均个人账户空账累计的记账额情况（单位：元），要求填列分性质、分年龄、分性别数据（见图2.37）。

年龄	起始年人均个人账户空账余额（单位参保）				起始年人均个人账户空账余额（个人参保）			
	新人		中人		新人		中人	
	男	女	男	女	男	女	男	女
16	860	819	900	1085				
17	1359	1155	1693					
.	.	.	.	.	.	.	.	.
.	.	.	.	.	.	.	.	.
.	.	.	.	.	.	.	.	.
65	2160	4123	21309	18953	5647	1140	7575	4545

图2.37 起始年人均个人账户空账余额

1. "起始年人均个人账户空账余额（单位参保）"

根据"金保工程联网检测软件"《分性别、中新人企业参保职工按年龄分组人均个人账户金额》（统计表2.6.13）填列，也可以根据实际情况从本地区企业养老保险数据库中提取数据填列。

2. "起始年人均个人账户空账余额（个人参保）"

根据"金保工程联网检测软件"《分性别、中新人以个人身份参保人员按年龄分组人均个人账户金额》（统计表2.6.15）填列，也可以根据实际情况从本地区企业养老保险数据库中提取数据填列。

五、起始年人均个人账户实账余额

该指标反映截至起始年本地区参加企业养老保险的在职参保人员人均个人账户实账累计的记账额情况（单位：元），要求填列分性质、分年龄、分性别数据（见图2.38）。若本地区尚未做实个人账户，则可不必填列。

第二章　PFA输入工作簿的指标解释与数据采集

年龄	起始年人均个人账户实账余额（单位参保）				起始年人均个人账户实账余额（个人参保）			
	新人		中人		新人		中人	
	男	女	男	女	男	女	男	女
16	165	90	5255	4282				
17	300	240	1693					
⋮	⋮	⋮	⋮	⋮	⋮	⋮	⋮	⋮
65	1423	1020	2199	4805	1795	1650	5309	4545

图 2.38　起始年人均个人账户实账余额

1."起始年人均个人账户实账余额（单位参保）"

根据"金保工程联网检测软件"《分性别、中新人企业参保职工按年龄分组人均做实部分个人账户金额》（统计表 2.6.14）填列，也可以根据实际情况从本地区企业养老保险数据库中提取数据填列。

2."起始年人均个人账户实账余额（个人参保）"

根据"金保工程联网检测软件"《分性别、中新人以个人身份参保人员按年龄分组人均做实部分个人账户金额》（统计表 2.6.16）填列，也可以根据实际情况从本地区企业养老保险数据库中提取数据填列。

六、现有退休人员养老金水平

该指标反映起始年本地区全部企业养老保险退休人员的养老金水平情况（单位：元），要求填列分年龄、分性别数据（见图 2.39）。

1."月平均养老金"

根据"金保工程联网检测软件"《分性别按年龄分组企业退休人员人均养老金》（统计表 3.3.4）和《分性别按年龄分组以个人身份参保退休人员人均养老金》（统计表 3.3.5）填列，也可以根据实际情况从本地区企业养老保险数据库中提取数据填列。

年龄	现有退休人员养老金水平			
	月平均养老金		实账账户养老金	
	男	女	男	女
40	1370	1353		
41	1404	1398		
⋮	⋮	⋮	⋮	⋮
100	1226	1638		

图 2.39　现有退休人员养老金水平

2."实账账户养老金"

指实施做实个人账户的地方，做实个人账户金额除以退休年龄相对应的养老金计发月数的月平均养老金，也可以根据实际情况从本地区企业养老保险数据库中提取数据填列。若本地区尚未发生实账个人账户养老金支付，则可不必填列。

七、一次性退休人员养老金水平

该指标反映起始年至终止年本地区各年份根据政策一次性缴费后纳入养老保险待遇发放的退休人员的养老金水平情况（单位：元），要求填列分年龄、分性别数据（见图2.40）。

年龄	一次性退休人员月养老金水平			
	男		女	
	2008	2058	2008	2058
45	1000	1000	1000	1000
46	1000	1000	1000	1000
47	1000	1000	1000	1000

图2.40 一次性退休人员月养老金水平

1．"一次性退休人员月养老金水平"

根据实际情况从本地区企业养老保险数据库中提取数据填列。

2．"一次性退休人员实账账户月养老金水平"

根据实际情况从本地区企业养老保险数据库中提取数据填列。若本地区尚未发生实账个人账户养老金支付，则可不必填列。

八、计发月数

该指标反映在计算个人账户养老金时，用个人账户储存额除以的计发月数[①]（见图2.41）。

此数值按照《关于完善企业职工基本养老保险制度的决定》（国发〔2005〕38号）规定输入（见附表2）。

年龄	计发月数
40	233
41	230
⋮	⋮
70	56

图2.41 计发月数

---

① 见附录3：个人账户养老金计发月数。

第六节　宏观经济表

“宏观经济表”涉及PFA运行所需要的宏观经济参数，由五项内容组成：GDP增长率、银行利率、债券利率、财政收入增长率和社平工资增长率。

一、GDP增长率

该指标反映起始年至终止年本地各年份国内生产总值（GDP）年增长率情况（见图2.42），要求填列分年度数据。

起始年根据本地区统计公报（年鉴）公布的“地区国内生产总值（GDP）增长率”数据填列，未来年度该指标数据则根据各地区实际情况自行采用相应比例进行测算（需要在精算报告中加以说明）。

二、银行利率

该指标反映起始年至终止年本地各年份中国人民银行公布的一年期金融机构法定存款利率情况（见图2.43），要求填列分年度数据。

年份	GDP增长率
	%
2010	
2011	
•	·
•	·
•	·
2058	

图2.42　GDP增长率

年份	银行利率
	%
2010	
2011	
•	·
•	·
•	·
2058	

图2.43　银行利率

起始年根据上一年末中国人民银行公布的一年期法定存款利率数据填列，未来年度该指标数据则根据各地区实际情况自行采用相应比例进行测算（需要在精算报告中加以说明）。

三、债券利率

该指标反映起始年至终止年本地各年份一年期国债的收益率情况（见图2.44），要求填列分年度数据。

起始年根据上一年末中国人民银行公布的国债收益率填列，未来年度该指标数据则根据各地区实际情况自行采用相应比例进行测算（需要在精算报告中加以说明）。此外，银行利率和债券利率可以为合理确定基金收益率提供参考。

四、财政收入增长率

该指标反映起始年至终止年本地各年份年财政总收入年增长率情况（见图2.45），要求填列分年度数据。

年份	债券利率
	%
2010	
2011	
•	·
•	·
•	·
2058	

图2.44　债券利率

年份	财政收入增长率
	%
2010	
2011	
•	·
•	·
•	·
2058	

图2.45　财政收入增长率

起始年根据本地区统计公报（年鉴）公布的“财政收入增长率”数据填列，未来年度该指标数据则根据各地区实际情况自行采用相应比例进行测算（需要在精算报告中加以说明）。

五、社平工资增长率

该指标反映起始年至终止年本地各年份在岗职工年平均工资增长率情况（见图2.46），要求填列分年度数据。

起始年根据统计公报（年鉴）或人力资源社会保障部门公布的本年“全

社会在岗职工年平均工资"除以上年度"全社会在岗职工年平均工资"后填列，未来年度该指标数据则根据各地区实际情况自行采用相应比例进行测算（需要在精算报告中加以说明）。

由于该指标不仅关系到养老保险基金和征缴收入，而且直接关系到基金的支出，未来养老保险基金的运行对其十分敏感，因此，在对未来工资增长率进行预测时务必尽量保持其合理性。

年份	社平工资增长率 %
2010	9.30
2011	10.00
⋮	⋮
2058	10.00

图 2.46　社平工资增长率

第三章 PFA 输出工作簿的内容与指标解释

第一节 "人口"类表

"人口"类表共 23 张（由于在输出工作簿的人口表数据中会生成其他制度内数据，因此，本部分仅对宏观人口数据作解释），包括生命表、农村人口表、城镇人口表、总人口表、迁移人口表、城镇经济活动人口表、城镇就业人口表和人口综合情况表等。

一、生命表

生命表又称"死亡表"（Mortality Table）或寿命表，是对特定范围相当数量的人口自出生（或一定年龄）开始，直至这些人口全部去世为止的生存与死亡记录。本统筹地区生命表以本地区初始年人口结构、生育率、新生婴儿性别比和死亡率等因素综合计算生成。

该类表反映起始年至终止年本地区各年份分年龄、分性别的人口死亡率情况。生命表一套四张，分别为农村男性、农村女性、城镇男性和城镇女性，表名依次为"生命表1"至"生命表4"。

二、农村人口表

该类表反映起始年至终止年本地区各年份分年龄、分性别的农村人口情况（单位：万人）。农村人口表一套三张，分别为农村男性人口、农村女性人口和农村总人口，表名依次为"人口 N1"至"人口 N3"。

在我国城市化进程中，农村人口是潜在的城镇迁入人口，对城镇人口数据有较大的影响。

三、城镇人口表

该类表反映起始年至终止年本地区各年份分年龄、分性别的城镇人口情况（单位：万人）。城镇人口表一套三张，分别为城镇男性人口、城镇女性人口和城镇总人口，表名依次为"人口 C1"至"人口 C3"。

城镇人口的数量和结构是城镇经济人口的组成基础，对城镇经济人口数据有较大的影响，也是在养老保险精算中影响收支数据的主要数据之一。

四、总人口表

该类表反映起始年至终止年本地区各年份分年龄、分性别的城镇和农村的总人口情况（单位：万人）。总人口表一套三张，分别为全体男性人口、全体女性人口和全体总人口，表名依次为"人口 1"至"人口 3"。

五、迁移人口表

该类表反映起始年至终止年本地区各年份分年龄、分性别的净迁入人口情况，即迁入和迁出人口数的绝对值（单位：万人）。迁移人口表一套三张，分别为男性迁移人口、女性迁移人口和总迁移人口，表名为"迁移人口 1"至"迁移人口 3"。

在城市化进程中，迁移人口是对参保人员数量、结构和基金收支有重要影响的因素之一。

六、城镇经济活动人口表

该类表反映起始年至终止年本地区各年份分年龄、分性别的城镇经济活动人口情况，即城镇就业人口与失业人口之和（单位：万人）。城镇经济活动人口表一套三张，分别为城镇男性经济活动人口、城镇女性经济活动人口和城镇劳动总人口，表名为"经济人口1"至"经济人口3"。

七、城镇就业人口表

该类表反映起始年至终止年本地区各年份分年龄、分性别的城镇就业人口情况（单位：万人）。城镇就业人口表一套三张，分别为城镇男性就业人口、城镇女性就业人口和城镇就业总人口，表名依次为"就业人口1"至"就业人口3"。

八、人口综合情况表

该表反映起始年至终止年本地区各年份的人口数量、抚养比以及城镇化率等的情况（见图3.1）。

年份	城镇总人口	#15~59岁人口	#60岁以上人口	抚养比	全部总人口	#15~59岁人口	#60岁以上人口	抚养比	城镇化率
2008	1233.25	863.53	262.99	3.28	1418.17	995.93	304.19	3.27	0.87
2009	1240.53	856.89	274.41	3.12	1424.13	988.16	316.69	3.12	0.87
...	...	...	...	...	...	...	...	...	...
2058	1042.92	484.56	474.53	1.02	1118.51	511.48	518.00	0.99	0.93

图3.1 人口综合情况

（一）"城镇总人口"

该指标反映起始年至终止年本地区各年份城镇总人口情况（单位：万人）。城镇人口是指居住于城市、集镇的人口，主要依据人群的居住地和所从事的产业进行归类。"城镇人口"的特点是：所从事的产业为非农业生产性产业（自然经济）为主的人群及其家庭；一般认为城镇人口占有率的高低反映出一个地区的工业化、城镇化或城市化的水平。

1. "16~59岁人口"：指城镇人口中16~59岁年龄段的人口数量。
2. "60岁以上人口"：指城镇人口中60~100岁年龄段的人口数量。

3. "抚养比"：指城镇人口中抚养1个60岁以上的老人所对应16～59岁的劳动人口数。

(二) "全部总人口"

该指标反映起始年至终止年本地区各年份城镇和农村的总人口情况（单位：万人）。

1. "16～59岁人口"：指总人口中16～59岁年龄段的人口数量。

2. "60岁以上人口"：指总人口中60～100岁年龄段的人口数量。

3. "抚养比"：指总人口中抚养1个60岁以上的老人所对应16～59岁的劳动人口数。

(三) "城镇化率"

城镇化率指城镇人口占全部总人口的比率。城镇化率也即城镇化水平，用于反映人口向城市聚集的过程和聚集程度，也是测算社会保险制度需要覆盖范围的量和度。

第二节 "制度运行"类表

一、转轨成本表

该表反映起始年至终止年本地区各年份的制度转轨情况（见图3.2）。

1. "过渡性养老金"

在基本养老金的计算中，计算"中人"在建立个人账户之前的养老金叫过渡性养老金（单位：亿元）。过渡性养老金是在建立个人账户之后"老人"和"中人"基本养老金的一个组成部分。对在建立个人账户之前退休或之前参加工作、之后退休的人员来说，由于其在之前的工作年限没有实行个人账户记账，则其退休时的个人账户全部储存额中没有体现这段年限的劳动贡献

年份	过渡性养老金	老人养老金	转轨成本	转轨成本/缴费基数(%)
2008	6.14	735.67	217.15	8.88
2009	19.53	792.26	246.77	8.73
.	.	.	.	.
2058	34.46	24.82	41.58	0.02

图 3.2 转轨成本

情况,因而其退休时的基本养老金不能简单用基础养老金加个人账户养老金计算,而应再加上没有个人账户年限的养老金,可通过设置过渡性养老金予以解决。

2."老人养老金"

预测起始年已退休人员在未来所领取的养老金(单位:亿元)。

3."转轨成本"

由社会统筹向统账结合模式转换过程中产生的转轨成本主要包括两部分:一是改革前退休的"老人"没有个人账户积累;二是改革前参加工作、改革后退休的"中人"只有部分个人账户积累。如果改革时不为上述两类人员一次性补充账户积累,则转轨成本转由统筹基金逐年分摊,表现为支付给退休"中人"的过渡性养老金和"老人"的一部分养老金(单位:亿元)。

4."转轨成本/缴费基数"

根据精算模型测算后,预计预测期内每年的转轨成本与当年养老保险缴费基数之比(单位:%)。

二、基金总收支表

该表反映起始年至终止年本地区各年份基金总收支情况(见图3.3)。

(一) 基金收入情况

反映起始年至终止年本地区各年份基金收入情况,包括征缴收入、财政补贴、利息收入、其他收入和收入合计五个项目。

年份	基金收入情况					基金支出情况				当期结余	累计结余	征缴收入/缴费基数	全部支出/缴费基数	缴费基数
	征缴收入	财政补贴	利息收入	其他收入	收入合计	养老金支出	丧葬抚恤费支出	其他支出	支出合计					
2008	723.23	66.80	4.24	4.70	798.98	762.53	8.36	10.62	781.51	17.47	166.36	0.30	0.32	2,444.61
2009	842.00		4.74	5.47	852.22	875.27	9.22	12.13	896.62	(44.40)	121.96	0.30	0.32	2,827.14
⋮														
2058	77,811.71			505.78	78,317.48	105,878.93	1,951.55	1,482.30	109,312.78	(30,995.28)		0.31	0.43	253,751.61

图 3.3 基金总收支情况

1．"征缴收入"

基金征缴收入。起始年对应社会保险基金年报《××年社会保险补充资料表（二）》的"实缴当年社会保险费－基本养老保险（企业＋其他）"数值。

2．"财政补贴"

从中央和各地方财政获得的补助收入。起始年对应社会保险基金年报《基本养老保险基金收支表》的"中央财政补助（企业＋其他）"和"地方财政补助（企业＋其他）"的合计数值。

3．"利息收入"

基金存于银行后而产生的利息。起始年对应社会保险基金年报《基本养老保险基金收支表》的"利息收入"（企业＋其他）所列数值。

4．"其他收入"

征缴收入、财政补贴和利息收入等收入以外的其他收入，如滞纳金、罚款等。起始年该指标对应社会保险基金年报《基本养老保险基金收支表》的"其他收入（企业＋其他）"所列数值。

5．"收入合计"

前四项（征缴收入、财政补贴、利息收入和其他收入）的合计。

（二）基金支出情况

反映起始年至终止年本地区各年份基金支出情况，包括养老金支出、丧葬抚恤费支出、其他支出和支出合计四个项目。

1．"养老金支出"

基本养老金支出。起始年对应社会保险基金年报《基本养老保险基金收支表（合计）》的"基本养老金支出（企业＋其他）"所列数值。

2."丧葬抚恤费支出"

丧葬抚恤费支出。起始年对应社会保险基金年报《基本养老保险基金收支表（合计）》的"丧葬抚恤补助支出（企业＋其他）"所列数值。

3."其他支出"

养老金支出、丧葬抚恤费支出等科目以外的基金支出额。起始年对应社会保险基金年报《基本养老保险基金收支表》的"其他支出（企业＋其他）"所列数值。

4."支出合计"

前三项（养老金支出、丧葬抚恤费支出和其他支出）的合计。

（三）当期结余

"收入合计"减去"支出合计"后所得结余数。起始年对应社会保险基金年报《基本养老保险基金收支表》的"本年收入合计（企业＋其他）"与"本年支出合计（企业＋其他）"的所列数值之差。

（四）"累计结余"

基金累计结余。起始年对应社会保险基金年报《基本养老保险基金资产负债表（合计）》的"基金（企业＋其他）"的期末数。

（五）"征缴收入/缴费基数"

PFA 计算的征缴收入与缴费基数之比。

（六）"全部支出/缴费基数"

PFA 计算的基金支出与缴费基数之比。

（七）"缴费基数"

PFA计算的养老保险缴费基数为单位参保职工和以个人身份参保人员个人年缴费基数之和。

三、统筹基金收支表

该表反映起始年至终止年本地区各年份统筹基金收支情况（见图3.4），为基金总收支表的细化表。对于尚未做实个人账户的地区，该表同基金总收支表；对于已做实个人账户的地区，除个人账户实账收支之外，其余的基金收支均为统筹基金收支。

年份	统筹基金收入情况						统筹基金支出情况						当期结余	累计结余
	当期征缴	清欠预缴	财政补贴	利息收入	其他收入	收入合计	基础养老金	空账户支出	实账长寿支出	老人养老金	缴费档值费支出	其他支出	支出合计		
2008	723.23		66.80	1.21	4.70	795.95	18.38	4.69		735.67	8.36	10.62	777.72	18.23	60.84
2009	842.00			1.73	5.47	849.21	62.06	12.05		792.26	9.22	12.13	887.72	(38.51)	22.32
...															
2058	77811.71				505.78	78317.49	54276.05	21551.36	26.15	24.82	1951.55	1482.30	109312.22	(30994.73)	

图 3.4 统筹基金收支情况

（一）统筹基金收入情况

反映起始年至终止年本地区各年份统筹基金收入情况，包括当期征缴、清欠预缴、财政补贴、利息收入、其他收入和收入合计六个项目。

1. "当期征缴"

统筹基金的当期征缴收入。对于尚未做实个人账户的地区，所有的征缴收入（包括个人缴费收入）均为统筹基金征缴收入；对于已做实个人账户的地区，个人缴费部分按做实比例记入个人账户征缴收入，除此之外的部分均为统筹基金征缴收入。

2. "清欠预缴"

当年清理欠费和预缴未来年度养老保险费中的属于统筹基金的收入。

3. "财政补贴"

从中央和各地方财政获得的补助收入中属于统筹基金的部分。除特定为做实个人账户进行的财政专项补贴外，其余的财政补助均为对统筹基金的补贴。

4."利息收入"

基金存于银行后而产生的利息中属于统筹基金的部分。除做实个人账户部分的利息收入外，其他所有的利息收入均为统筹基金利息收入。

5."其他收入"

除当期征缴、清欠预缴、财政补贴和利息收入外的其他收入。除做实个人账户部分的其他收入外，其他所有的其他收入均为统筹基金其他收入。

6."收入合计"

前五项（当期征缴、清欠预缴、财政补贴、利息收入和其他收入）的合计。

（二）统筹基金支出情况

反映起始年至终止年本地区各年份统筹基金支出情况，包括基础养老金、空账账户支出、实账长寿支出、老人养老金、丧葬抚恤费支出、其他支出和统筹基金支出合计七个项目。

1."基础养老金"

"中人""新人"退休时基础性养老金支出额。

2."空账账户支出"

"中人""新人"退休时，根据其个人账户空账记账额计算出的个人账户养老金支出额。

3."实账长寿支出"

做实个人账户省份的"中人""新人"退休时用尽其个人账户存储额之后，继续发放养老金中的个人账户养老金时要从统筹基金中支出的部分。

4."老人养老金"

"老人"（起始年已退休人员）未来的养老金支出额。

第三章 PFA输出工作簿的内容与指标解释

5. "丧葬抚恤费支出"

支付给个人的丧葬费和抚恤费支出。

6. "其他支出"

除基础养老金、空账账户支出、实账长寿支出、老人养老金、丧葬抚恤费支出外的统筹基金支出。

7. "统筹基金支出合计"

前六项(基础养老金、空账账户支出、实账长寿支出、老人养老金、丧葬抚恤费支出和其他支出)的合计。

(三)"统筹基金当期结余"

当期统筹基金收入减去统筹基金支出后所得结余。

(四)"统筹基金累计结余"

统筹基金中累计的结余。

四、个人账户基金收支表

该表反映起始年至终止年本地区各年份个人账户基金收支情况(见图3.5),为基金总收支表的细化表。

年份	个人账户基金收入情况			个人账户基金支出情况			个人账户当期结余	个人账户累计结余
	职工缴费	利息收入	收入合计	账户养老金支出	账户养老金返还	支出合计		
2008		3.03	3.03	2.13	1.67	3.80	(0.77)	105.52
2009		3.01	3.01	7.02	1.87	8.90	(5.89)	99.63
.		.	.	.	.	.	.	.
.		.	.	.	.	.	.	.
.		.	.	.	.	.	.	.
2058				0.53	0.01	0.55	(0.55)	

图3.5 个人账户基金收支

(一)个人账户基金收入情况

反映起始年至终止年本地区各年份个人账户基金收入情况,包括职工缴费、个人账户利息收入和个人账户收入合计三个项目。

1. "职工缴费"

养老保险参保职工个人缴纳养老保险费并计入做实个人账户的数额。

2. "个人账户利息收入"

个人账户基金存于银行后而产生的利息。

3. "个人账户收入合计"

前两项（职工缴费和个人账户利息收入）的合计。

(二) 个人账户基金支出情况

反映起始年至终止年本地区各年份个人账户基金支出情况，包括个人账户养老金支出、个人账户养老金返还和个人账户支出合计三个项目。

1. "个人账户养老金支出"

已做实个人账户的地区，按做实部分计发的个人账户养老金，从做实个人账户基金中支付其养老金的数额。

2. "个人账户养老金返还"

做实个人账户的地区，在职参保人员和退休人员在办理养老保险关系注销手续时，从做实个人账户基金中返还个人账户结余的数额。

3. "个人账户支出合计"

前两项（个人账户养老金支出和个人账户养老金返还）的合计。

(三) "个人账户当期结余"

当期个人账户基金收入减去个人账户基金支出后所得结余。

(四) "个人账户累计结余"

个人账户中累计的结余。

五、新退休替代率表

该表反映起始年至终止年本地区各年份分年龄、分性别和人员性质("中人""新人""全体")的新退休人员替代率变化情况(单位:%)(见图3.6)。

年份	中人	#男	#女	新人	#男	#女	全体	#男	#女
2008	0.54	0.60	0.44	0.27	0.30	0.24	0.50	0.56	0.40
2009	0.51	0.59	0.41	0.27	0.31	0.26	0.47	0.55	0.37
.	.	.	.	.	.	.	.	.	.
.	.	.	.	.	.	.	.	.	.
.	.	.	.	.	.	.	.	.	.
2058				0.39	0.44	0.34	0.39	0.44	0.34

图 3.6 新退休替代率

制度内养老金替代率是指参保人员退休时的养老金领取水平与缴费工资基数水平之间的比率。

六、新退休养老金表

该表反映起始年至终止年本地区各年份分年龄、分性别和人员性质("中人""新人""全体")的新退休人员养老金水平情况(单位:元)(见图3.7)。

年份	中人新退休	#男	#女	新人新退休	#男	#女	全体新退休	#男	#女
2008	2332.18	2715.53	1768.21	1155.55	1350.45	978.36	2146.34	2537.44	1613.92
2009	2459.77	2960.28	1823.97	1306.09	1587.51	1139.19	2250.21	2783.64	1659.41
.	.	.	.	.	.	.	.	.	.
.	.	.	.	.	.	.	.	.	.
.	.	.	.	.	.	.	.	.	.
2058				184380.91	217938.58	143932.75	184380.91	217938.58	143932.75

图 3.7 新退休养老金

七、全体替代率表

该表反映起始年至终止年本地区各年份分年龄、分性别和人员性质("中人""新人""全体")的全体退休人员替代率变化情况(单位:%)(见图 3.8)。

年份	老人	#男	#女	中人	#男	#女	新人	#男	#女	平均	#男	#女
2008	0.47	0.49	0.47	0.54	0.60	0.44	0.27	0.30	0.24	0.47	0.50	0.47
2009	0.46	0.49	0.47	0.52	0.59	0.42	0.27	0.30	0.25	0.46	0.50	0.46
...	...	...	...	...	...	...	...	...	...	...	...	...
2058	0.08	0.07	0.09	0.09	0.12	0.07	0.22	0.28	0.18	0.22	0.27	0.17

图 3.8　全体替代率

第四项平均替代率不是前三项的算术平均，而是经过 PFA 计算后的平均替代率。

八、全体养老金表

该表反映起始年至终止年本地区各年份分年龄、分性别和人员性质（"中人""新人""全体"）的全体退休人员养老金水平情况（单位：元）（见图 3.9）。

年份	老人养老金	#男	#女	中人养老金	#男	#女	新人养老金	#男	#女	平均养老金	#男	#女	平均缴费工资	社平工资
2008	2013.51	2229.07	1883.31	2331.54	2715.87	1768.24	1155.28	1350.63	978.39	2020.98	2265.03	1873.25	4325.31	4285.60
2009	2212.56	2451.56	2071.08	2497.36	2961.04	1869.83	1290.02	1536.94	1114.50	2221.71	2504.33	2039.26	4798.92	4714.16
...	...	...	...	...	...	...	...	...	...	...	...	...	...	...
2058	37926.90	35196.73	38176.51	44104.61	61450.31	30723.65	101898.01	137253.14	75747.10	100726.88	135712.34	74845.68	466956.06	457354.75

图 3.9　全体养老金

第四项"平均养老金"不等于前三项的算术平均，而是由 PFA 计算的平均养老金水平；第五项"平均缴费工资"是由 PFA 计算的养老保险在职参保人员的月平均缴费工资基数水平；第六项"社平工资"是由 PFA 计算的在岗职工月平均工资水平。

九、工资表

该表反映起始年至终止年本地区各年份在职参保人员分年龄、分性别的平均缴费工资的变化情况（单位：元）。工资表共三张，分别为男性在职参保人员平均缴费工资水平、女性在职参保人员平均缴费工资水平和全体在职参保人员平均缴费工资水平,表名为"工资1"至"工资3"。

十、制度综合表

该表反映起始年至终止年本地区各年份在职参保人员和退休人员的赡养率、抚养比、制度覆盖面和就业人员参保率等情况(见图3.10)。

年份	在职参保人员	#缴费人数	#新增参保	退休人员	#新增退休	赡养率	抚养比	制度覆盖面	16~59岁	60~100岁	参保/就业
2008	606.94	470.99	45.07	319.40	18.12	0.53	1.90	0.83	0.85	0.77	1.00
2009	629.40	490.93	43.92	333.97	20.90	0.53	1.88	0.86	0.88	0.78	1.04
.	.	.	.	.	.	.	.	.	.	.	.
.	.	.	.	.	.	.	.	.	.	.	.
2058	476.68	452.85	13.87	882.47	22.70	1.85	0.54	1.45	1.28	1.62	1.39

图 3.10 制度综合

(一)"在职参保人员"

该表反映起始年至终止年本地区各年份在职参保人员、缴费人数及新增在职参保人员情况(单位:万人)。

1."在职参保人员"

全体在职参保人员情况。起始年对应社会保险统计年报《参加基本养老保险人员情况》(人社统 EI5 号)中"参保职工期末数(企业+其他)"的数值。

2."缴费人数"

在职参保人员中实际缴费人数情况。起始年对应社会保险统计年报《参加基本养老保险人员情况》(人社统 EI5 号)中"缴费人员期末数(企业+其他)"的数值。

3."新增在职参保"

新增的在职参保人员情况。

(二)"退休人员"

该表反映起始年至终止年本地区各年份退休人员及新增退休人员情况(单位:万人)。

1."退休人员"

全体退休人员情况。起始年对应社会保险统计年报《参加基本养老保险人员情况》(人社统 EI5 号)中"离休、退休、退职人员期末数(企业+其他)"的数值。

2."新增退休"

新增的退休人员情况。

(三)"赡养率"

全体退休人数与全体在职参保人数之比。

(四)"抚养比"

抚养比又称抚养系数,是指劳动年龄人口与非劳动年龄人口之比。

(五)"制度覆盖面"

参保人员(含在职参保人员和退休人员)占本地区人口总数的比例。"16~59 岁"和"60~100 岁"两项分别指该年龄段参保人员占该年龄段人口的比例。

(六)"参保/就业"

在职参保人员占本地区就业人口的比例。

十一、退休人员表

该表反映起始年至终止年本地区各年份全体退休人员、新退休人员及其平均年龄等情况（见图 3.11）。

年份	全体退休人员	#新人退休人员	占比	#中人退休人员	占比	#老人退休人员	占比	新退休人员	全体退休平均年龄	新退休平均年龄
2008	319.40	2.85	0.01	15.20	0.05	301.35	0.94	18.12	64.99	55.59
2009	333.97	6.63	0.02	32.19	0.10	295.15	0.88	20.90	65.00	54.50
.	.	.	.	.	.	.	.	.	.	.
.	.	.	.	.	.	.	.	.	.	.
.	.	.	.	.	.	.	.	.	.	.
2058	882.47	864.63	0.98	17.40	0.02	0.43	0.00	22.70	69.62	54.58

图 3.11 退休人员情况

（一）"全体退休人员"

起始年至终止年本地区各年份全体退休人员情况（单位：万人）。

1."全体退休人员"

所有领取养老保险金的退休人员人数。

2."新人退休人员"和"占比"

按照"新人"标准统计的退休人员人数。

"新人退休人员"占"全体退休人员"的比例。

3."中人退休人员"和"占比"

按照"中人"标准统计的退休人员人数。

"中人退休人员"占"全体退休人员"的比例。

5."老人退休人员"和"占比"

按照"老人"标准统计的退休人员数。

"老人退休人员"占"全体退休人员"的比例。

（二）"新退休人员"

起始年至终止年本地区各年份新增退休人员人数情况（单位：万人）。

(三)"全体退休平均年龄"

起始年至终止年本地区各年份全体退休人员的平均年龄情况(单位:岁)。

(四)"新退休平均年龄"

起始年至终止年本地区各年份新增退休人员的平均年龄情况(单位:岁)。

十二、在职参保人员表

该表反映起始年至终止年本地区各年份在职参保人员、单位参保职工、个人参保人员及参保平均年龄等情况(见图3.12)。

年份	在职参保人员	#中人	#新人	新人占比	参保职工	#中人	#新人	新人占比	个人参保人员	#中人	#新人	新人占比	全体参保平均年龄	新参保平均年龄	适龄退休人数
2008	606.94	195.89	411.05	0.68	585.11	186.66	398.45	0.68	21.83	9.23	12.60	0.58	37.60	27.71	46.81
2009	629.40	178.44	450.96	0.72	607.76	170.15	437.60	0.72	21.64	8.29	13.35	0.62	37.30	27.71	49.33
...	...	...	...	...	...	...	...	...	...	...	...	...	...	...	...
2058	476.68		476.68	1.00	468.69		468.69	1.00	8.00		8.00	1.00	41.23	27.71	44.27

图3.12 参保职工情况

(一)"在职参保人员"

反映起始年至终止年本地区各年份分在职参保人员总体情况。

1."在职参保人员"

全部在职参保人员的人数情况(单位:万人)。

2."中人"

按照"中人"标准统计的在职参保人员人数(单位:万人)。

3."新人"

按照"新人"标准统计的在职参保人员人数(单位:万人)。

4."新人占比"

在职参保的"新人"占全体在职参保人员的比例（单位：%）。

(二)"单位参保职工"

反映起始年至终止年本地区各年份分参保职工总体情况。

1."参保职工"

全部参保职工的人数情况（单位：万人）。

2."中人"

按照"中人"标准统计的参保职工人数（单位：万人）。

3."新人"

按照"新人"标准统计的参保职工人数（单位：万人）。

4."新人占比"

"新人"参保职工占全体单位参保人员的比例（单位：%）。

(三)"个人参保人员"

反映起始年至终止年本地区各年份分个人参保人员总体情况。

1."个人参保人员"

全部个人参保人员的人数情况（单位：万人）。

2."中人"

按照"中人"标准统计的个人参保人员人数（单位：万人）。

3."新人"

按照"新人"标准统计的个人参保人员人数（单位：万人）。

4."新人占比"

"新人"个人参保人员占全体个人参保人员的比例（单位：%）。

(四)"全体参保平均年龄"

反映起始年至终止年本地区各年份全部在职参保人员的平均年龄（单位：岁）。

(五)"新参保平均年龄"

反映起始年至终止年本地区各年份新增的在职参保人员的平均年龄(单位:岁)。

(六)"适龄退休人数"

反映起始年至终止年本地区各年份在职参保人员中接近退休年龄(男55~59岁,女45~49岁)人数(单位:万人)。

第二部分

医疗保险精算分析模型

第四章 精算模型原理

第一节 医疗保险基金精算分析模型简介

一、模型简介

"医疗保险基金精算分析模型"（Medical Insurance Fund Actuarial Analysis Model，简称 MIFA）主要用于对基本医疗保险制度运行状况、基金的长期收支进行精算预测、分析和评估，对基金可能遇到的风险进行预警，为决策提供数据和技术支持。MIFA 利用经济、人口以及相关的基本医疗保险运行数据，并在一定的人口、经济和社会保险政策的假定条件下，预测未来的农村和城镇人口、基本医疗保险参保人数、医疗服务利用、医疗费用以及基金收支状况。

MIFA 模型是用基于 Microsoft Office 2003 平台之上的 Visual Basic for Application（VBA）语言进行编程，它由三部分组成：主程序工作簿（MIFA.xls）、输入工作簿（输入_sample.xls）和输出工作簿（输出_sample.xls）。其中，主程序工作簿存放模型运行的主要程序代码，是 MIFA 的核心组成部分；输入工作簿存放用户运行 MIFA 所必需的基本选项、预测基准年的基础数据以及相关的人口、经济和基本医疗保险运行参数；输出工作簿由 MIFA 运行自动生成，主要用于存放 MIFA 的运行结果。

MIFA 软件不需要安装，且所有的计算过程都在后台完成，因此操作比较简单，对用户的 VBA 知识不做要求，用户只需掌握基本的计算机操作技能即可。MIFA对计算机系统要求较低，具体配置要求如下：

硬件：建议使用256 MB以上内存、CPU运行速度不低于1.0 GHz的奔腾机。

软件：建议Excel使用Microsoft Office 2000以上版本，系统运行环境为Windows 2000或Windows XP。

二、模型的主要特点

（一）充分考虑了我国的国情以及基本医疗保险制度运行的实际情况

城镇人口是基本医疗保险制度的主要覆盖对象，要准确地预测未来的参保人员情况，必须首先合理地预测城镇人口的变化。我国人口变动的现状是，随着城镇化速度的加快，大量的农村人口进入城镇，成为医疗保险制度潜在的覆盖对象，所以准确地预测城镇人口必须充分考虑农村人口变化。在MIFA中，这一点得到了充分体现，模型不仅对农村人口进行了预测，而且还考虑到农村和城镇在诸多方面存在的差异，用户可以根据实际情况分别输入不同的生育率、死亡率和出生性别比。

（二）MIFA具有较强的灵活性和适用性

1. MIFA不仅可以用于预测全国的基本医疗保险运行情况，而且可以用来预测省级的相关情况。省级预测不同于全国性的预测，它所涉及的人口流动不仅表现在本地农村和城镇之间的流动，还表现为本省和外省之间的人员流动，情况比后者要复杂。MIFA模型通过设置相应变量参数，较为合理地解决了这一问题。

2. MIFA为部分重要参数的预测提供了不同的方法，用户可以根据自己的实际情况加以选择。在MIFA中，为迁移人口和新增参保人员的计算提供了按比例和按固定数额等多种计算方法。前一种方法操作比较复杂，但是计算过程比较合理，既可以用于短期预测也可以用于长期预测；后一种方法比较简单，但是由于长期内很难把握数据变化的规律，只能用于短期预测。

3. MIFA 模型除了用来预测基本医疗保险制度运行的相关情况以外，通过改变相关的参数和选项还可以进行其他的预测和分析。例如，对城镇居民医疗保险和农村合作医疗保险基金运行情况进行分析评估等。

三、使用说明

（一）MIFA 软件主界面

打开"MIFA.xls"工作簿，系统直接进入 MIFA 的主界面，如图 4.1 所示。主界面由 5 个按钮组成："开始""输出""说明""帮助"以及"退出"。其主要功能如下：

"开始"按钮：启动软件，完成预测的准备工作；

"输出"按钮：输出 MIFA 的预测结果；

"说明"按钮：打开 MIFA 软件的说明文件；

"帮助"按钮：打开 MIFA 软件的帮助文件；

"退出"按钮：退出 MIFA 软件的操作。

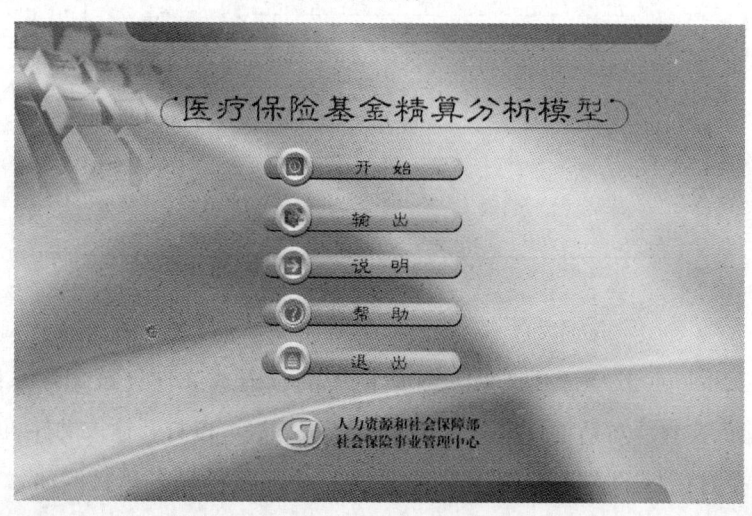

图 4.1　MIFA 的主程序界面

在 MIFA 软件主界面的左上方是自定义工具栏（如用 Excel 2007 是在加载项中） ，由四个自定义按钮组成，其主要功能如下：

⓪按钮：返回 MIFA 软件主界面；

按钮：输出 MIFA 的预测结果；

✕按钮：删除输出工作簿中的数据；

≜按钮：退出 MIFA 软件的操作。

（二）软件的操作步骤

MIFA 软件不需要安装，操作比较简单，一般来说使用 MIFA 有以下五个步骤。

第一步：打开"输入 _ sample.xls"工作簿，正确填写相关的选项、参数和基础数据，然后保存该工作簿。

第二步：打开"MIFA.xls"工作簿，进入 MIFA 的主界面。点击"开始"按钮，MIFA 会弹出"打开文件"对话框（见图 4.2）。

图 4.2 "打开文件"对话框

第三步：点击"打开文件"对话框中的"查找文件"按钮，系统弹出"查找输入文件"对话框（见图 4.3）。有两种方法可以打开输入文件。第一种方法是在对话框的左下角键入输入文件的全部路径和名称。例如，要打开"C:\Desktop\New Folder"目录下文件名为"输入 _ sample"的输入文件，直接输入"C:\Desktop\New Folder\输入_sample"即可。第二种方法是点击"查找输入文件"对话框"查找范围"项的下拉列表，找到所需打开的文件，点击"打开"按钮。

图4.3 "查找输入文件"对话框

第四步：在上述操作之后，系统会回到"打开文件"对话框，点击"文件列表"框中的文件，"下一步"按钮会由虚变实（见图4.4）。点击该按钮，弹出"输出选择"对话框（见图4.5），同时状态栏会提示"输入文件已打开"。如果此时需要使用其他的输入文件，可以点击"输出选择"对话框中的"上一步"按钮，系统会回到"打开文件"对话框，然后用户从"第三步"开始重新操作。

图4.4 "打开文件"对话框

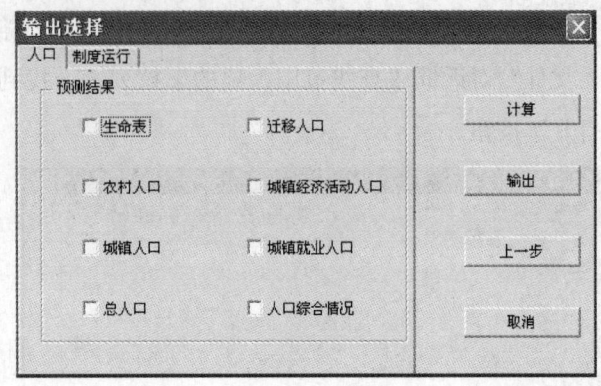

图4.5 "输出选择"对话框（1）

第五步：点击"输出选择"对话框中的"计算"按钮，系统开始后台运算，运算结束时系统会提示所用时间，同时状态栏显示为"就绪"。运算结束后，用户可根据自己的需要选择输出项目。输出项目放在"人口"和"制度运行"两个选项页上，用户先打开选项所在的选项页，然后点击选项（可以复选），最后点击输出，系统直接进入输出工作簿。

（三）其他使用说明

在实际操作中，往往第一次预测的结果不够准确合理，这是因为MIFA包含大量的参数和选项，对初学者来说其中一些参数的准确性很难把握，因此，正确修改输入工作簿中的参数和选项是使用好MIFA的前提。

MIFA为用户修改参数提供了简便快捷的方法。在用户完成一次操作以后，如果需要对参数作出修改，用户只需激活输入工作簿，修改相应的参数并保存。此时用户不需要从第二步开始操作，只需点击MIFA主界面上的"输出"按钮（或者点击自定义任务栏上的 按钮），此时系统会弹出"输出选择"对话框（见图4.6）。点击对话框中的"重新计算"按钮，系统将依据新修改的参数进行重新运算，后续操作按上述"第五步"进行。

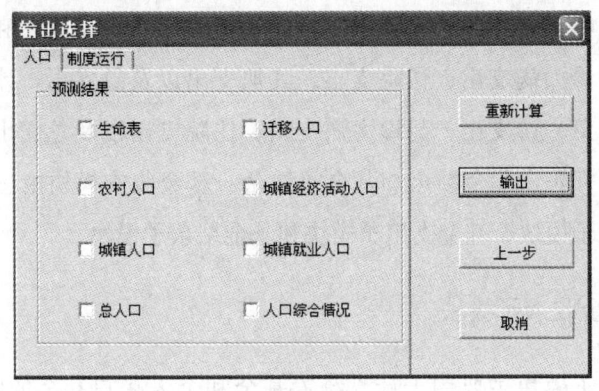

图 4.6 "输出选择"对话框（2）

第二节 模型主要模块

MIFA 主要由四个模块组成：基金收支模块、参保人员计算模块、经济工资模块和政策参数模块，其中前三个模块是 MIFA 的核心模块，每一个核心模块都由若干子模块组成（见图 4.7）。下面着重介绍基金收支模块和参保人员计算模块。

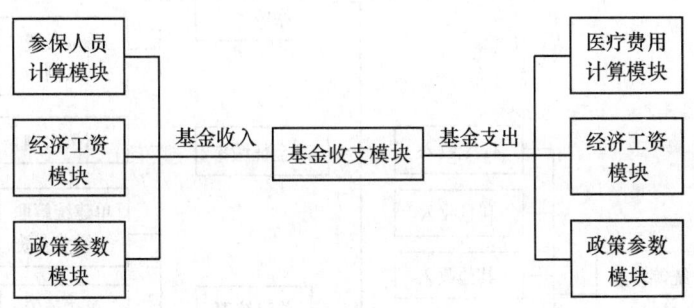

图 4.7 模型总体模块结构图

一、基金收支模块

基金收支模块的主要功能是：计算统筹基金的征缴收入、利息收入、其他收入以及总收入，计算个人账户基金的征缴收入、利息收入和总收入，计算统筹基金门诊大病支出、住院支出、其他支出以及总支出，计算个人账户基金普通门（急）诊支出、门诊大病支出、住院支出以及总支出，计算统筹基金结余、个人账户基金结余和基金总结余。基金收支模块由三个子模块组成：基金收入子模块、基金支出子模块和基金结余子模块。

（一）基金收入子模块

基金收入子模块主要用于计算统筹基金和个人账户基金的收入。其中，统筹基金总收入由征缴收入、清欠和预缴收入、财政补贴、利息收入和其他收入五部分组成（见图4.8）；个人账户基金总收入由当期征缴收入和利息收入两部分组成（见图4.9）。

统账结合医疗保险统筹基金征缴收入的详细计算过程为：

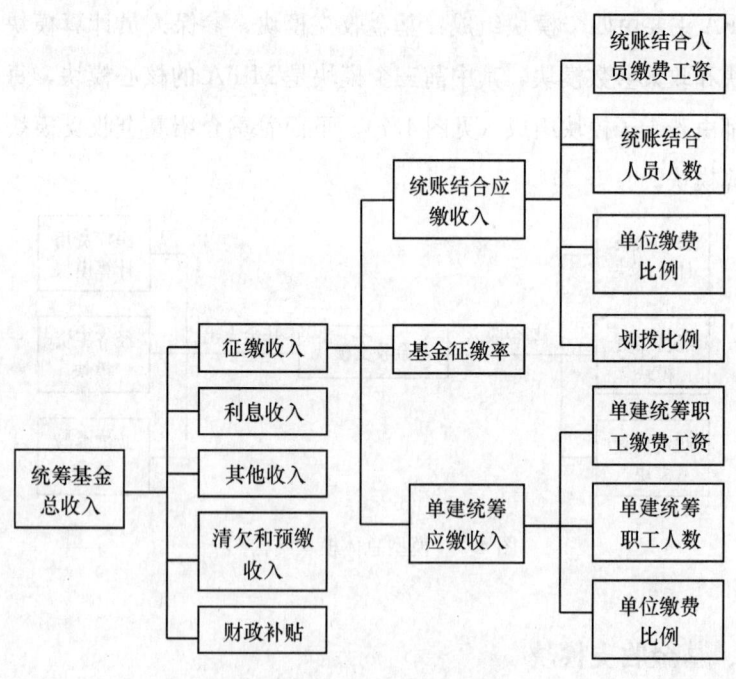

图4.8 统筹基金总收入计算模块

第四章 精算模型原理

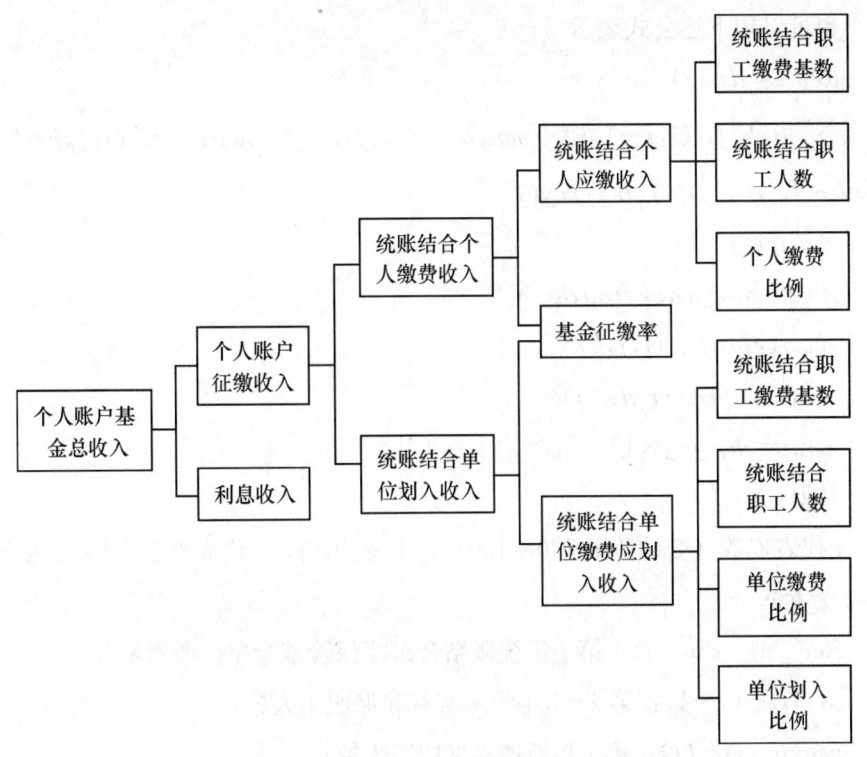

图 4.9 个人账户基金总收入计算模块

第一步,计算统账结合医疗保险基金单位缴费额,公式为:

第 j 年统账结合医疗保险基金单位缴费额

=(第 $j-1$ 年年末实有参保职工人数+第 j 年新增参保职工人数×0.5-第 j 年新退休的参保职工人数×0.5-第 j 年死亡的参保职工人数×0.5)

×缴费人数占比

×第 $j-1$ 年月社平工资

×(1+第 j 年社平工资增长率)

×第 j 年缴费基数占社平工资的比例

×单位缴费比例

×征缴率×12

也可以用下述公式表示：

$Rev\_zj\_dw(j)=$

$\sum [(cb\_fir(i,j-1,k)+newcb\_fir(i,j,k)/2-newtx\_fir(i,j,k)/2-deadcb(i,j,k)/2)\times rate\_jfry(j)$

$\times wage(j-1)$

$\times (1+rate\_wagegrowth(j))$

$\times wageprofile(i,j,k)$

$\times contri\_percent\_dw(j)$

$\times rate\_zhj(j)]\times 12$

其中：

i 代表岁数（变动范围为 0～100），j 代表年份，k 代表性别（$k=1$ 为男，$k=2$ 为女）；

Rev_zj_dw (j)：第 j 年统账结合医疗保险基金单位缴费额；

cb_fir ($j-1$)：第 $j-1$ 年年末实有参保职工人数；

$newcb\_fir$ (j)：第 j 年新增参保职工人数；

$newtx\_fir$ (j)：第 j 年新退休的参保职工人数；

$deadcb$ (j)：第 j 年死亡的参保职工人数；

$rate\_jfry$ (j)：缴费人数占比；

$wage$ ($j-1$)：第 $j-1$ 年月社平工资；

$rate\_wagegrowth$ (j)：第 j 年社平工资增长率；

$wageprofile$ (i,j,k)：第 j 年、i 岁、k 性别的参保职工的缴费基数占社平工资的比例；

$contri\_percent\_dw$ (j)：单位缴费比例；

$rate\_zhj$ (j)：征缴率。

第二步，计算统账结合医疗保险统筹基金征缴收入

统账结合的医疗保险统筹基金征缴收入

＝上述计算出的统账结合的医疗保险基金单位缴费额

× （1－单位缴费划入个人账户的比例）

×单位缴费基数倍数

其中，"单位缴费基数倍数"为单位缴费基数总额与该地区个人缴费基数之和的比值，在实际工作中一般前者要大于后者。

也可以用下述公式表示：

$Rev\_zj\_tc(j) = Rev\_zj\_dw(j)$

$\times (1 - con\_fir\_tctozh(j)/100)$

$\times bs\_jfjs(j)$

其中：

$Rev\_zj\_tc(j)$：第 j 年统账结合的医疗保险统筹基金征缴收入；

$Rev\_zj\_dw(j)$：第 j 年统账结合医疗保险基金单位缴费额；

$con\_fir\_tctozh(j)$：第 j 年单位缴费划入个人账户的比例；

$bs\_jfjs(j)$：单位缴费基数倍数。

单建统筹医疗保险基金征缴收入的计算方法与统账结合医疗保险基金征缴收入计算方法相似，不再赘述。

个人账户征缴收入的详细计算方法为：

第一步，计算个人账户个人缴费额，公式为：

第 n 年统账结合医疗保险个人缴费额

=（第 n－1 年年末实有参保职工人数＋第 n 年新增参保职工人数×0.5

－第 n 年新退休的参保职工人数×0.5－第 n 年死亡的参保职工人数×0.5）

×缴费人数占比

×第 n－1 年月社平工资

× （1＋第 n 年社平工资增长率）

×第 n 年缴费基数占社平工资的比例

×个人缴费比例

×征缴率×12

也可以用以下公式表示：

$Rev\_zj\_gr(j) =$

$\sum [(cb\_fir(i,j-1,k) + newcb\_fir(i,j,k)/2 - newtx\_fir(i,j,k)/2 - deadcb(i,j,k)/2) \times rate\_jfry(j)$

$\times wage(j-1)$

$\times (1 + rate\_wagegrowth(j))$

$\times wageprofile(i,j,k)$

$\times contri\_percent\_gr(j)$

$\times rate\_zhj(j)] \times 12$

其中：

i 代表年龄，j 代表年度，k 代表性别（$k=1$ 为男，$k=2$ 为女）；

$Rev\_zj\_gr(j)$：第 j 年统账结合医疗保险基金个人缴费额；

$cb\_fir(j-1)$：第 $j-1$ 年年末实有参保职工人数；

$newcb\_fir(j)$：第 j 年新增参保职工人数；

$newtx\_fir(j)$：第 j 年新退休的参保职工人数；

$deadcb(j)$：第 j 年死亡的参保职工人数；

$rate\_jfry(j)$：缴费人数占比；

$wage(j-1)$：第 $j-1$ 年月社平工资；

$rate\_wagegrowth(j)$：第 j 年社平工资增长率；

$wageprofile(i,j,k)$：第 j 年、i 岁、k 性别的参保职工的缴费基数占社平工资的比例；

$contri\_percent\_gr(j)$：个人缴费比例；

$rate\_zhj(j)$：征缴率。

第二步，计算个人账户征缴收入，公式为：

统账结合医疗保险基金个人账户收入

＝上述计算出的统账结合医疗保险基金个人缴费额

＋上述计算出的统账结合的医疗保险基金单位缴费额×单位缴费划入个人账户的比例

第四章 精算模型原理

也可用以下公式表示：

$Rev\_zj\_zh(j) = Rev\_zj\_gr(j)$
$+ Rev\_zj\_dw(j) \times con\_fir\_tctozh(j) \times bs\_jfjs(j)$

其中：

$Rev\_zj\_zh(j)$：第 j 年统账结合医疗保险基金个人账户收入；

$Rev\_zj\_gr(j)$：第 j 年统账结合医疗保险基金个人缴费额；

$Rev\_zj\_dw(j)$：第 j 年统账结合医疗保险基金单位缴费额；

$con\_fir\_tctozh(j)$：第 j 年单位缴费划入个人账户的比例；

$bs\_jfjs(j)$：单位缴费基数倍数。

（二）基金支出子模块

基金支出子模块主要用于计算统筹基金和个人账户基金的支出。统筹基金总支出由在职待遇支出、退休待遇支出和其他支出三部分组成（见图 4.10）；个人账户基金总支出由在职待遇支出和退休待遇支出构成（见图 4.11）。

其中，门（急）诊费用、门诊大病（慢特病）费用、住院费用计算的模块结构图如图 4.12～图 4.14 所示（在职职工与退休人员同类费用的计算方法相同）。

下面介绍医疗保险基金支出的详细计算方法。统账结合医疗保险基金的支出分为两大部分：统账结合医疗保险统筹基金支出和统账结合医疗保险个人账户基金支出。这两部分又各自按统筹类别和在职退休分为若干小类，但不论是哪一类，其基金支出、医疗费用预测方法基本是相同的。因此，我们主要举例介绍统账结合制度下在职职工住院费用统筹基金支出的计算方法。

统账结合在职职工住院费用统筹基金支出的计算思路是：先计算统账结合在职职工住院费用，再根据住院费用统筹基金负担比例计算统账结合在职职工普通门诊医疗费用统筹基金支出。

第 j 年统账结合在职职工住院费用

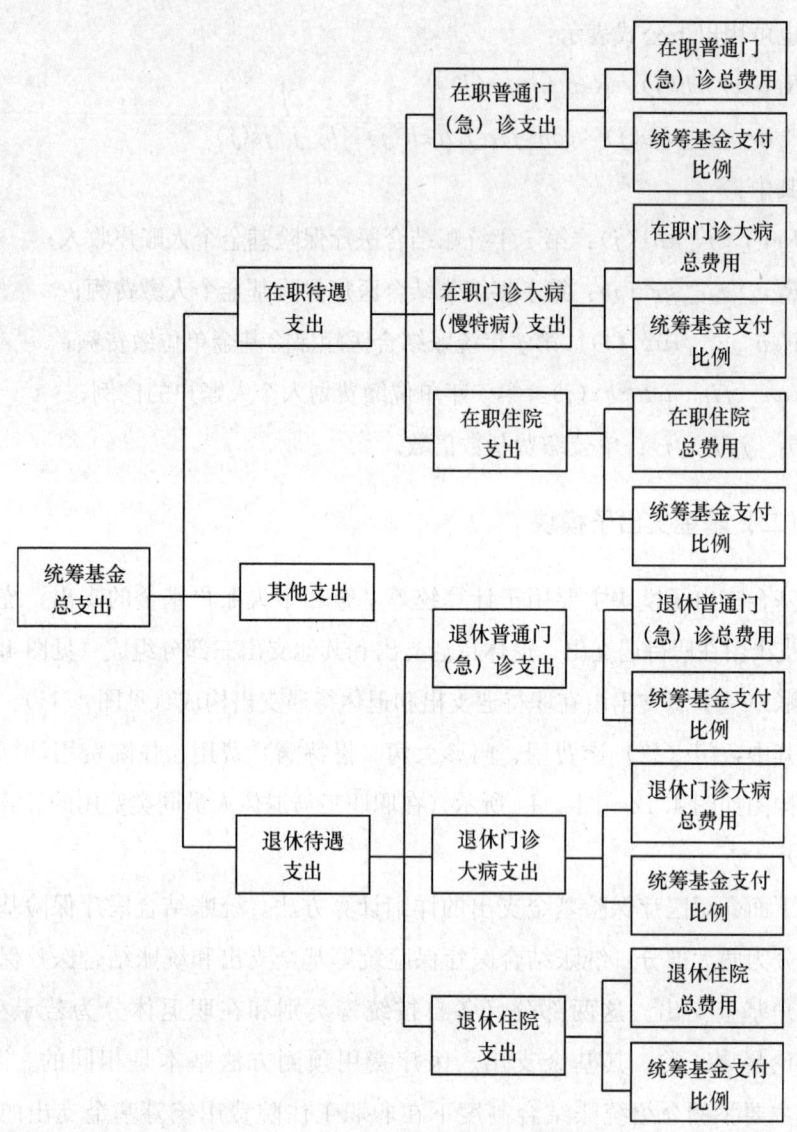

图 4.10 统筹基金总支出计算模块

= (第 $j-1$ 年在职职工人数 + 第 j 年在职职工人数) ÷ 2

× 预测起始年统账结合在职职工人均住院费用

× $\prod_{j=2}^{n}$ 第 j 年统账结合在职职工住院费用变动率

第四章 精算模型原理

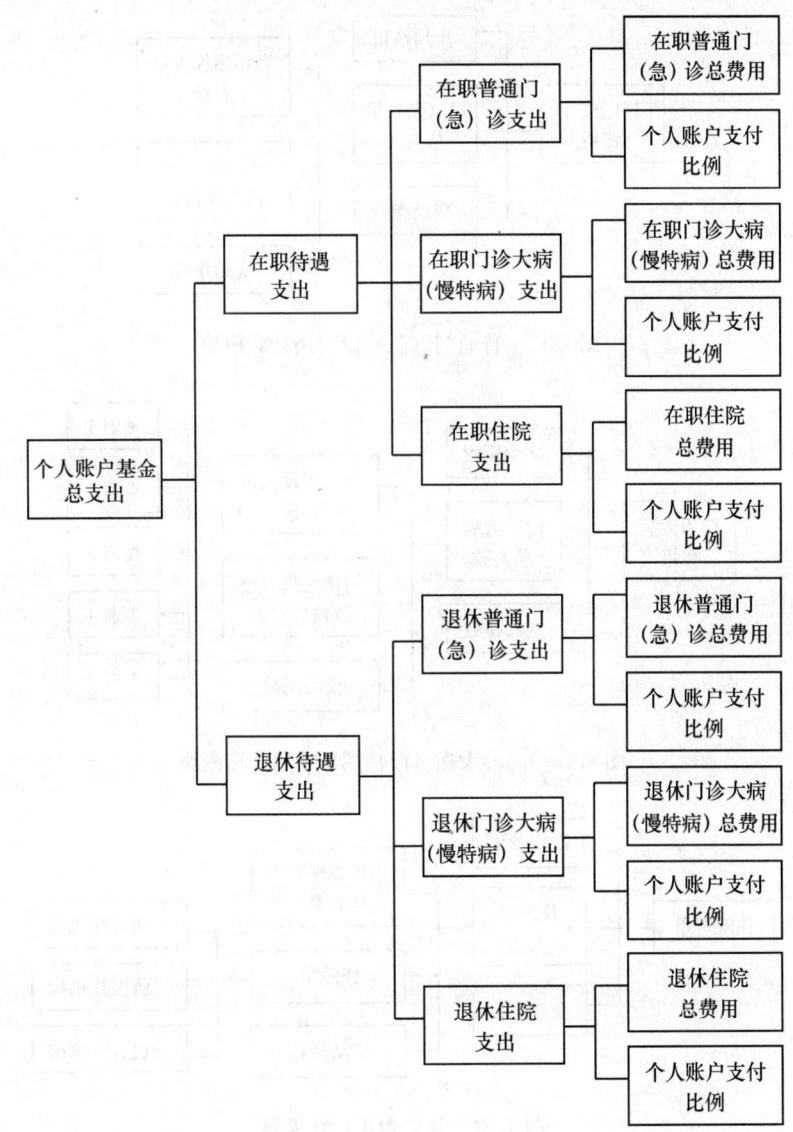

图4.11 个人账户基金总支出计算

× 预测起始年统账结合在职职工住院率

× $\prod_{j=2}^{n}$ 第 j 年统账结合在职职工住院医疗服务利用变动率

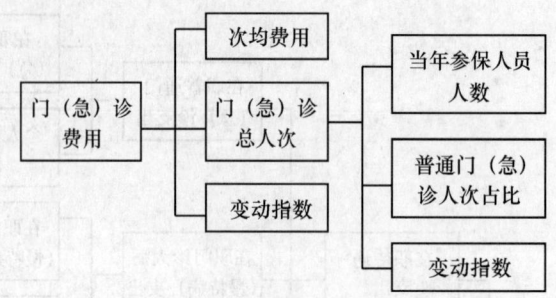

图 4.12 普通门（急）诊费用计算模块

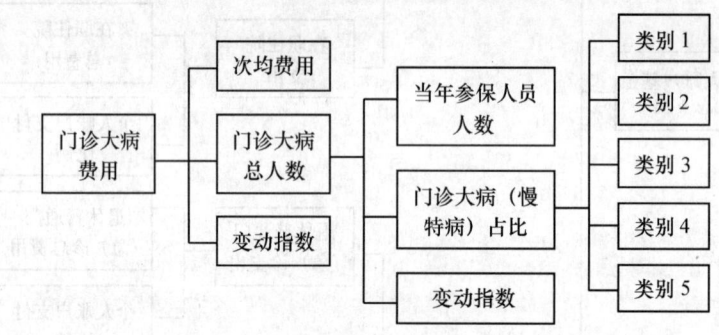

图 4.13 门诊大病（慢特病）费用计算模块

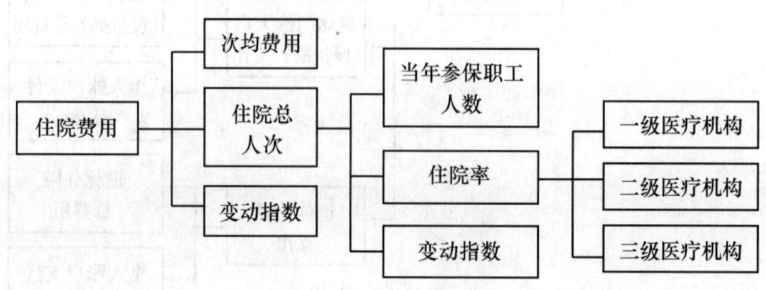

图 4.14 住院费用计算模块

以上公式中"（第 $j-1$ 年在职职工人数＋第 j 年在职职工人数）÷2"是指第 n 年在职职工平均人数。

也可用以下公式表示：

$cost\_zy\_wk\_fir(j)$

$$= \sum_{i,j,k}[(cb\_wk\_fir(j-1)+cb\_wk\_fir(j))/2$$
$$\times avecost\_wk(i,k)$$
$$\times \prod_{j=2}^{n} index\_cs\_wk(j)$$
$$\times frequence\_wk(i,k)$$
$$\times \prod_{j=2}^{n} index\_sv\_wk(j)]$$

其中：

i 代表岁数，j 代表年份，k 代表性别（$k=1$ 为男，$k=2$ 为女）；

$cost\_zy\_wk\_fir(j)$：第 j 年统账结合在职职工住院费用；

$cb\_wk\_fir(j)$：第 j 年在职职工人数；

$avecost\_wk(i,k)$：预测起始年 i 岁 k 性别的统账结合在职职工人均住院费用；

$index\_cs\_wk(j)$：第 j 年统账结合在职职工住院费用变动率；

$frequence\_wk(i,k)$：预测起始年 i 岁 k 性别的统账结合在职职工住院率；

$index\_sv\_wk(j)$：第 j 年统账结合在职职工住院医疗服务利用变动率。

计算出统账结合在职职工住院费用后，再乘以统账结合在职职工住院费用统筹基金负担比例即可计算出统账结合在职职工住院医疗费用统筹基金支出。即：

第 j 年统账结合在职职工住院医疗费用统筹基金支出

＝第 j 年统账结合在职职工住院费用

×第 j 年统账结合在职职工住院费用统筹基金负担比例

也可以用以下公式表示：

$exp\_zy\_wk\_fir(j)=cost\_zy\_wk\_fir(j)\times proportion(j)$

其中：

$exp\_zy\_wk\_fir(j)$：第 j 年统账结合在职职工住院医疗费用统筹基

金支出;

$cost\_zy\_wk\_fir(j)$: 第 j 年统账结合在职职工住院费用;

$proportion(j)$: 第 j 年统账结合在职职工住院费用统筹基金负担比例（在实际模型中，统账结合在职职工住院费用统筹基金负担比例还要分性别和医院级别的，此处从简）。

第 n 年统账结合退休人员住院医疗总费用预测和第 n 年统账结合在职职工医疗总费用预测相类似，只是把第 n 年统账结合在职职工住院医疗总费用计算公式中的"统账结合在职职工"替换为"统账结合退休人员"即可，即：

第 j 年统账结合退休人员住院总费用

$=$（第 $j-1$ 年退休人员人数＋第 j 年退休人员人数）÷2

×预测起始年统账结合退休人员人均住院医疗费用

$\times \prod\limits_{j=2}^{n}$ 第 j 年统账结合退休人员人均住院医疗费用变动率

×预测起始年统账结合退休人员住院率

$\times \prod\limits_{j=2}^{n}$ 第 j 年统账结合退休人员住院医疗服务利用变动率

也可用公式表示为：

$cost\_zy\_tx\_fir(j)$

$= \sum\limits_{i,j,k} [(cb\_tx\_fir(j-1) + cb\_tx\_fir(j))/2$

$\times avecost\_tx(i,k)$

$\times \prod\limits_{j=2}^{n} index\_cs\_tx(j)$

$\times frequence\_tx(i,k)$

$\times \prod\limits_{j=2}^{n} index\_sv\_tx(j)]$

其中：

i 代表岁数，j 代表年度，k 代表性别（$k=1$ 为男，$k=2$ 为女）;

$cost\_zy\_tx\_fir(j)$: 第 j 年统账结合退休职工住院费用;

$cb\_tx\_fir(j)$：第 j 年退休职工人数；

$avecost\_tx(i,k)$：预测起始年 i 岁 k 性别的统账结合退休职工人均住院费用；

$index\_cs\_tx(j)$：第 j 年统账结合退休职工住院费用变动率；

$frequence\_tx(i,k)$：预测起始年 i 岁 k 性别的统账结合退休职工住院率；

$index\_sv\_tx(j)$：第 j 年统账结合退休职工住院医疗服务利用变动率。

计算出统账结合退休职工住院费用后，再乘以统账结合退休职工住院费用统筹基金负担比例即可计算出统账结合退休职工住院医疗费用统筹基金支出。

第 j 年统账结合住院医疗总费用

＝第 j 年统账结合在职职工住院医疗总费用

＋第 j 年统账结合退休人员住院医疗总费用

第 j 年住院医疗费用统账结合医疗保险统筹基金支出

＝第 j 年统账结合住院医疗总费用

×第 j 年统账结合住院医疗费用统筹基金负担比例

以上叙述的是第 n 年统账结合住院医疗总费用和第 n 年住院医疗费用统账结合统筹基金支出的计算方法。对于统账结合医疗保险统筹基金支出来讲，还有两种支出：门诊大病（慢特病）医疗费用统筹基金支出和普通门（急）诊医疗费用统筹基金支出，其预测方法与统账结合住院统筹基金支出基本一致，不再详述。

（三）基金结余子模块

基金结余子模块主要用于计算统筹基金结余（分单建统筹和统账结合）个人账户基金结余和基金的总结余。在 MIFA 模型中由于统筹基金和个人账户基金是分别运行的，因此模型先分别计算统筹基金（分单建统筹和统账结合）和个人账户基金的结余情况，然后将两者相加得出基金的总结余，具体模块结构如图 4.15 所示。

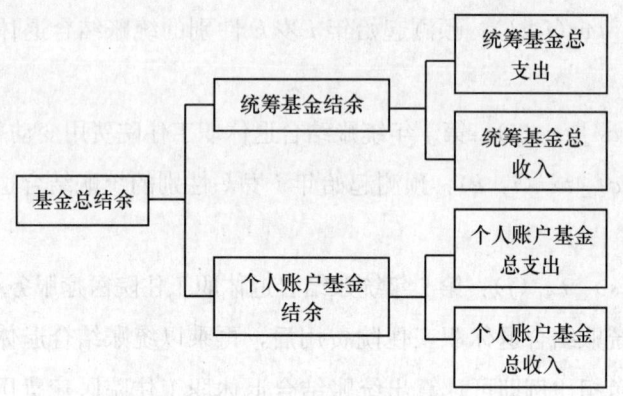

图 4.15　基金总结余计算模块

二、参保人员计算模块

参保人员计算模块主要用于上述计算公式中出现的"第 n 年在职职工人数"和"第 n 年退休人员人数"的计算，其主要功能是：计算分性别、分年龄的农村迁移人口；计算分性别、分年龄的城镇人口；计算分性别、分年龄的农村人口；计算分性别、分年龄的总人口；计算分性别、分年龄的城镇经济活动人口；计算分性别、分年龄的城镇就业人员人数；计算分性别、分年龄的新增参保人员人数和新增退休人员人数；计算分性别、分年龄的在职职工和退休人员数。以上所提及的人数均为分年龄、分性别的人数。

MIFA 在计算在职职工和退休人员人数时均采用存量加增量的方法，即：

第 n 年参保人员人数＝第 $n-1$ 年参保人员人数

＋第 n 年净增参保人员人数

具体说来有以下三个公式：

第 n 年参保人员人数

＝第 n 年在职职工人数＋第 n 年参保退休人员人数

第 n 年在职职工人数

=第 $n-1$ 年在职职工人数＋第 n 年新增在职职工人数

－第 n 年在职职工死亡人数－第 n 年新增退休人员人数

第 n 年退休人员人数

=第 $n-1$ 年退休人员人数＋第 n 年新增退休人员人数

－第 n 年退休人员死亡人数＋第 n 年关破企业一次性划入退休人数

具体模块结构如图 4.16 所示。

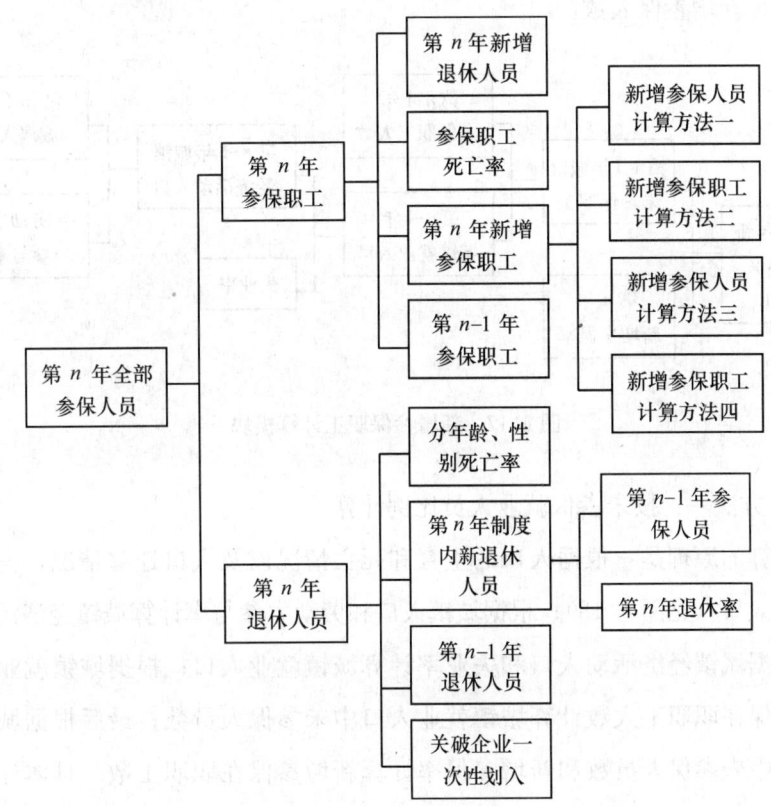

图 4.16 参保人员计算模块

（一）在职参保职工数的预测方法

由于医疗保险统筹层次水平差异较大，且各统筹地区可以获取的外部数据情况也不尽相同,在 MIFA 模型中对新增参保人员的预测进行了灵活处理。计算新增参保职工共有四种方法:第一种是按照未参保的就业人员的一定比例得出,其模块结构如图 4.17 所示;第二种是给定的确定数额,这种方法虽然简单,但是由于未来的变化趋势很难把握,只能用于短期预测;第三种按照城镇人口的一定比例得出,这种方法首先计算出下一年参保职工人数(等于人口数乘以覆盖率),然后反推新增参保人数;第四种根据给定的参保职工总数反推新增参保人数。

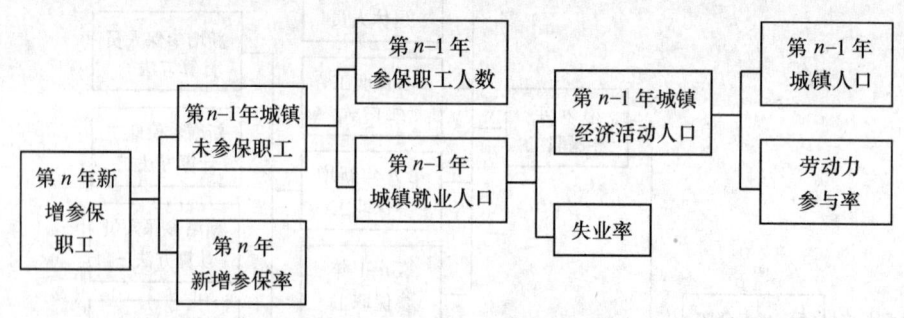

图 4.17 新增参保职工计算模块

1. 方法一:按未参保就业人员比例计算

计算的原理是:根据人口的生育和死亡情况以及人口迁移情况,先计算出城镇人口(见图 4.18);根据城镇人口和劳动力参与率计算城镇经济活动人口;根据城镇经济活动人口和失业率计算城镇就业人口;根据城镇就业人口和已参保在职职工人数计算城镇就业人口中未参保人员数;最后根据城镇就业人口中未参保人员数和新增参保率计算新增参保在职职工数。具体计算公式如下:

第 n 年年末城镇人口

= 第 $n-1$ 年年末城镇人口 + 第 n 年城镇新生人口

+ 第 n 年净迁入城镇人口 − 第 n 年城镇人口死亡数

在上述公式中,第 $n-1$ 年年末城镇人口总是已知的,第 n 年城镇新生人

第四章 精算模型原理

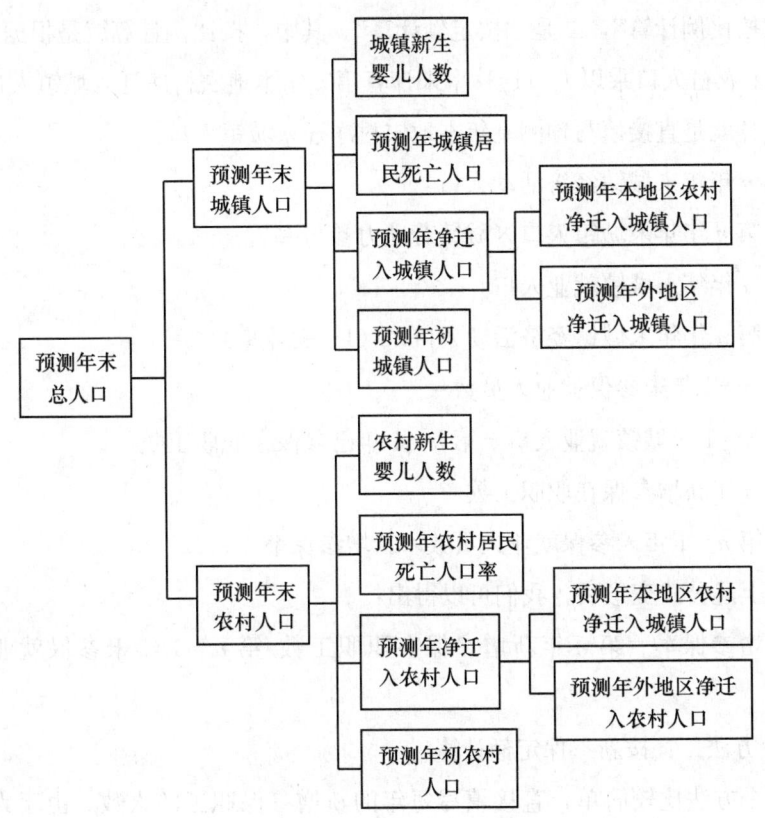

图4.18 总人口计算模块

口、第 n 年净迁入城镇人口、第 n 年城镇人口死亡数的计算方法如下：

第 n 年城镇新生人口

＝第 n 年城镇育龄妇女人口×城镇人口生育率

第 n 年城镇人口死亡数

＝第 n 年城镇人口×城镇人口死亡率

第 n 年净迁入城镇人口

＝第 n 年外地净迁入城镇人口

＋第 n 年本地农村净迁入城镇人口

对于"第 n 年本地农村净迁入城镇人口"的计算，模型提供了两种方法，一是"按比例计算",二是"按定额计算"。其中,按比例计算就是根据第 $n-1$ 年年末农村人口乘以人口迁移率来计算第 n 年本地农村净迁入城镇人口;按定额计算就是直接填写预测基年本地农村净迁入城镇人口。

第 n 年年末城镇经济活动人口

=第 n 年年末城镇人口×城镇劳动力参与率

第 n 年年末城镇就业人口

=第 n 年年末城镇经济活动人口×(1-失业率)

第 $n-1$ 年未参保就业人员数=

第 $n-1$ 年城镇就业人口-第 $n-1$ 年已参保在职职工数

第 n 年新增参保在职职工数

=第 $n-1$ 年未参保就业人员数×新增参保率

将上述公式变形后,我们可以得出:

新增参保率=第 n 年新增参保在职职工数/第 $n-1$ 年未参保就业人员数

2. 方法二:按新参保定额计算

这个方法比较简单,直接填写每年的新增参保职工的人数,由于人数很难预测,一般来说此方法只能用于短期预测。

3. 方法三:按城镇人口比例计算

先用第 n 年城镇人口乘以一个参保比例得出第 n 年参保人员人数(参保职工和退休人员之和),然后根据公式反推第 n 年新参保职工的人数,具体计算公式如下:

第 n 年新增参保职工人数

=第 n 年参保人员人数-(第 $n-1$ 年参保职工人数+第 $n-1$ 年退休人员人数)

+第 n 年参保职工死亡人数+第 n 年退休人员死亡人数

-第 n 年一次性退休人员人数

其中,第 n 年参保人员人数=第 n 年城镇人口数×制度覆盖率。

4. 方法四：按参保在职职工定额计算

方法四的基本思路是根据给定的参保职工总数反推新参保职工数。所谓"给定的参保职工总数"指的是第 n 年年末实有的在职参保职工数。具体公式如下：

第 n 年新增参保职工总人数

＝第 n 年参保职工人数

－第 $n-1$ 年参保职工人数

＋第 n 年死亡的参保职工人数

＋第 n 年新退休的参保职工人数

由于 MIFA 模型中所有人口和参保人员的数字都是分年龄、分性别的，因此，我们需要将上述计算得出的新增参保人员总数分配到相应的年龄段和性别上。在 MIFA 模型中引入新增参保职工分摊比例，其计算公式如下：

第 n 年分年龄新增参保职工人数

＝第 n 年新增参保职工总人数×第 n 年分年龄的分摊比例

需要指出的是：为了保证计算出来的每年分年龄新参保职工人数之和等于新参保职工总人数，各年龄分摊比例之和必须等于 1。

(二) 退休人员数的预测方法

第 n 年参保退休人员人数的预测方法：

第 n 年退休人员人数

＝第 $n-1$ 年退休人员人数

＋第 n 年新增退休人员人数

－第 n 年死亡退休人员人数

＋第 n 年关破企业一次性划入退休人员数

其中，第 n 年新增退休人员数＝第 $n-1$ 年参保的在职职工数×新退休率。

以上公式很容易理解，其实也是遵循了"存量加增量"的基本原则，不再详述。

　　参保人员的预测是医疗保险精算的基础，对于预测结果的准确性起着至关重要的作用，整体的预测流程请参考参保人员预测的逻辑结构图（见本操作说明后面附件）。

第五章 输入表指标解释与操作

第一节 输入表数据的一般性说明

模型中涉及基准年的数据均应从对应年份的数据库中统计填列,预测年(非基准年)的数据根据历年数据的趋势预测数据填列(见图 5.1)。模型中所涉及费用或基金的数据,均为按自然年度(1—12 月)发生权责发生制数据(若各地的医保年度与自然年度不一致,需进行调整),而不是用目前社保会计中的收付实现制数据。

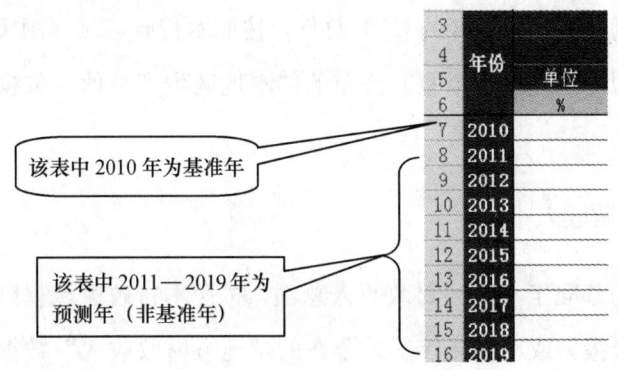

图 5.1 输入表的基准年与预测年

输入表包括综合表、人口参数表、就业与参保表、制度运行(1)表、制度运行(2)表和宏观经济表六个子表,主要用于输入当地人口、宏观经济及医疗保险收入与支出等相关的数据。

第二节　输入表指标解释与操作

一、综合表

(一) 基准年

该指标为精算预测期的基准年份，填写方式为"××××"，如"2009"。

(二) 终止年

该指标为精算预测期的结束年份，填写方式为"××××"，如"2019"。

(三) GDP

该指标为基准年本地区的GDP总额，按照本行政区域《国民经济和社会发展统计公报》或《统计年鉴》公布的"本地区生产总值"数据填列，数据单位为亿元。

(四) 财政收入

该指标为基准年本地区财政收入总额，按照本行政区域《国民经济和社会发展统计公报》或《统计年鉴》公布的"地方财政收入"数据填列，数据单位为亿元。

(五) 月平均工资

该指标为基准年本地区的在岗职工月平均工资，按照本行政区域《统计年鉴》及统计部门或人力资源和社会保障部门对外公布的"本地区在岗职工社会年平均工资"除以12填列。数据单位为元。

第五章 输入表指标解释与操作

（六）统筹基金结余

该指标为基准年年末医疗保险统筹基金的结余数额。按照会计基金年报数额分析填列。分为统账结合和单建统筹两个模式填列。数据单位为万元。

（七）个人账户基金结余

该指标为基准年年末医疗保险个人账户的结余数额。按照会计基金年报数额分析填列。数据单位为万元。

（八）本地区农村迁入城镇人口计算方式

该参数用来反映本地区和外地区农村和城镇人口的流动情况。"本地区农村迁入城镇人口"的计算方式有两种：1. 按定额计算，数据单位为万人；2. 按比例计算，数据单位为%。具体说明见第一部分"在职参保职工数的预测方法"中的"方法一"介绍。

（九）新增参保人员计算方式

MIFA模型一共提供了四种预测方法，具体说明见第一部分"在职参保职工数的预测方法"。

二、人口参数表

（一）基准年人口

该指标又分为农村人口和城镇人口，且分年龄、性别填列。本表中所有人口指标单位均为万人。

1. 农村人口

该指标反映基准年份按年龄结构分类的农村人口数。以《××年××省（市、县）第×次人口普查主要数据公报》中："分年龄、性别人口（乡村）"

数据为基础，结合各年度各地统计年鉴1％人口抽样数据及人口数据变化情况，对数据进行适当比例调整，但调整后各年龄段人口之和不能超过当年人口总数。

如无法取得公报数据，以当地的农村总人口按全国或全省的人口结构比例进行分配。

2. 城镇人口

与农村人口填列方式相同。

(二) 死亡率

本表中死亡率主要有分年龄、性别农村人口死亡率、城镇人口死亡率和参保人员死亡率。如果某一年龄组的死亡率是0.03，意味着在这一特定的年龄组中，每100人中就会有3人在当年死亡。一般来说，城镇人口死亡率低于农村人口死亡率，参保人员死亡率低于城镇人口死亡率。需要注意的是，100岁死亡率必须填写1（100％）。

1. 农村死亡率

该指标反映各年份农村人口统计的人口死亡率。以《××年××省（市、县）第×次人口普查主要数据公报》中："分年龄、性别的死亡人口状态（乡村）"中的分年龄、分性别的乡村人口死亡率数据为基础，结合各年度各地统计（公报）年鉴1％人口抽样数据及死亡率变化情况，对数据进行适当比例调整。

如无法取得本地公报数据，使用全国或全省的农村死亡率替代。

2. 城镇死亡率

与农村死亡率填列方式相同。

3. 参保人员死亡率

该指标反映各年份统计参保人员（参保职工＋退休人员）的人口死亡率。该数据假定职工和退休人员死亡率相同。该数据提取可采用以下方法：一是根据医疗保险信息系统中的参保人员死亡情况计算填写。二是按照"金保工程联网检测软件"所统计的本地区医疗保险数据库中参保人员死亡率填写。三是可将城镇人口死亡率按一定比例缩减估算参保人员死亡率（必须在精算报告中加以说明）。

（三）生育率

该指标以农村人口和城镇人口各自的年龄结构生育率填列。例如，某一年龄组的生育率是0.03，意味着在这一特定的年龄组中，每100名妇女会在当年产下3个婴儿。如果把各年龄段的生育率加总，即可得到总和生育率。总和生育率的取值范围一般在0.8~2.2。

1. 农村生育率

该指标反映各年份农村人口统计的人口出生率。以《××年××省（市、县）第×次人口普查主要数据公报》中："育龄妇女分年龄、孩次的生育状况（乡村）"生育率为基础，结合各年度各地统计（公报）年鉴1‰人口抽样数据及乡村育龄妇女生育率变化情况，对数据进行适当比例调整。若没有可采用的生育率数据，也可以按照全国农村生育率乘以一定比例来估算本地区农村生育率（必须在精算报告中加以说明）。

如无法取得本地公报数据，使用全国或全省的农村生育率替代。

2. 城镇生育率

与农村生育率填列方式相同。

（四）人口迁移参数

本参数用来反映本地区和外地区农村和城镇人口的流动情况。本参数需分年龄、性别填列。

1. 本地区农村净迁入城镇人口占农村上年末人口比例

该指标反映本地区农村净迁入城镇人口占农村上年末人口的比例。例如，某一年龄段的变量值是0.03，意味着在这一特定的年龄段中，农村当年每100人会有3人迁移到城镇。该指标数据按照《××年××省（市、县）第×

次人口普查主要数据公报》和对应年份统计局公布的人口迁移数据进行适当比例调整。有条件的地方可采用第六次人口普查数。如果采集该指标数据有困难,可以按照全国或全省农村净迁入城镇人口占农村上年末人口比例乘以一定比例来估算本地区农村净迁入城镇人口占农村上年末人口比例(必须在精算报告中加以说明)。

2. 外地区净迁入农村人口数

该指标反映外地区净迁入本地区农村人口数,数据单位为万人。该指标数据按照《××年××省(市、县)第×次人口普查主要数据公报》和对应年份统计局公布的人口迁移数据进行适当比例调整。有条件的地方可采用第六次人口普查数。如果采集该指标数据有困难,可以按照全国农村净迁入城镇人口占农村上年末人口比例乘以一定比例来估算外地区净迁入本地区农村人口数(必须在精算报告中加以说明)。

3. 外地区净迁入城镇人口数

该指标反映外地区净迁入本地区城镇人口数,数据单位为万人。该指标数据按照《××年××省(市、县)第×次人口普查主要数据公报》和对应年份统计局公布的人口迁移数据进行适当比例调整。有条件的地方可采用第六次人口普查数。如果采集该指标数据有困难,可以按照全国农村净迁入城镇人口占农村上年末人口比例乘以一定比例来估算外地区净迁入本地区城镇人口数(必须在精算报告中加以说明)。

(五)出生婴儿性别比

该指标是指出生婴儿中男性与女性的比值。如果某年出生婴儿性别比为1.03,意味着该年每出生100个女婴就有103个男婴出生。参数取值范围一般在1.03~1.25。

1. 农村出生婴儿性别比

该指标反映精算测算期内各年份农村每100名出生女婴对应的出生男婴数比值。《××年××省(市、县)第×次人口普查主要数据公报》中:"分年龄、性别人口（乡村）"表中0岁人口性别比，即为"乡村新生婴儿性别比"，以此数据为基础，结合各年度各地统计（公报）年鉴1‰人口抽样数据及人口数据变化情况，对数据进行适当比例调整。如果采集该指标数据有困难，则可根据全国或全省农村出生婴儿性别比根据本地情况按一定比例调整（必须在精算报告中加以说明）。

2. 城镇出生婴儿性别比

该指标计算方法同"农村出生婴儿性别比"。

三、就业与参保表

（一）预测起始年参保人员基本情况

单一地区基准年内在统账结合及单建统筹两种模式下的分在职、退休及年龄和性别的参保人员明细情况。应从各地市的计算机系统中直接提取相应数据，并换算成万人单位逐项填入表中。

（二）劳动参与率

该指标反映城镇人口的劳动参与率，即经济活动人口（就业人口与失业人口之和）与劳动年龄人口数的比值，该指标分年龄、性别填写。如果某一年龄段男性劳动参与率为0.3，意味着在这一特定年龄段，每100名男性城镇人口中有30人属于经济活动人口。该数据按照《××年××省（市、县）第×次人口普查主要数据公报》中："分年龄、性别的经济活动人口"表中（经济活动年龄段中：15~65岁）分年龄、分性别的经济活动人口除以劳动年龄人口即为各年龄、性别组的劳动参与率；以此数据为基础，结合各年度各地统计（公报）年鉴1‰人口抽样数据及人口数据变化情况，对数据进行适当比例调整。如果采集该指标数据有困难，则可根据全国劳动参与率乘以一定比例来估算本地区劳动参与率（必须在精算报告中加以说明）。

(三) 失业率

该指标反映城镇人口的失业率，是城镇失业人数同经济活动人口总数（城镇失业人数与就业人数之和）之比，该指标分年龄、性别填写。如果某一年龄段男性劳动参与率为 0.4，失业率为 0.05，意味着在这一特定年龄段，每 100 名男性城镇人口中有 2 人（等于 100×0.4×0.05）失业。该数据按照《××年××省（市、县）第×次人口普查主要数据公报》中："分年龄、性别的经济活动人口"表中（经济活动年龄段中：15～65 岁）分年龄、分性别的失业人口数除以经济活动人口即为各年龄、性别组的失业率；以此数据为基础，结合各年度各地统计（公报）年鉴 1‰ 人口抽样数据及人口数据变化情况，对数据进行适当比例调整。如果采集该指标数据有困难，则可根据全国失业率乘以一定比例来估算本地区失业率（必须在精算报告中加以说明）。

(四) 预测期内在职参保人数

单一统筹地区内在预测期内的在职参保人数预测。本数据可以根据各地对于医疗保险的发展规划填列，但要注意贴合各地发展实际。本项数据分为统账结合及单建统筹两种模式下填列，注意填列的是预计的在职参保人数，以万人为单位。

新增在职人数分摊比例。单一统筹地区在基准年新增的在职参保人员分摊到各年龄层的分项比例，例如，总新增参保人员为 1 000 人，其中男性新增参保人员为 500 人，年龄在 20 岁的男性新增参保人员为 100 人，则填入 0.2。该项填入时需分性别填列，且各年龄段分摊比例总和为 1。

本项涉及预测期最后一年的新增在职人员分摊比例，可根据"预测期内在职参保人数"及各地发展规划中的人口变动进行填列。

(五) 一次性新增退休人数

根据国家规定解决的破产国有企业退休职工，以及各地政策中允许的通过一次性缴费参保的已退休人员或是超龄人员。基准年根据实际参保数填列，预测期最后一年，需要根据各地规划及政策变动进行预测填列。

（六）退休率

根据基准年的新增退休人数在各自年龄段总参保人数中所占比例进行填列。例如，50 岁总参保男性为 100 人，其中有 10 人在基准年退休，则 50 岁男性退休率填入 0.1。该项在统账结合及单建统筹两种模式下分性别、年龄进行填列。需要注意的是，如果有地区允许参保人员在某些情况下一直保持在职状态，则退休率可以始终小于 1。

（七）缴费工资相当于上年职工平均工资的比例

计算出各年龄段参保人员的总缴费工资并根据人数进行平均，再与上年度职工平均工资进行比对。例如，20 岁段的男性参保人员个人缴费工资 20 000 元，上年度职工平均工资 25 000 元，则填入 0.8。该项在统账结合及单建统筹两种模式下分性别、年龄进行填列。

四、制度运行（1）表

（一）缴费比例

1. 统账结合

（1）"单位"。单一统筹地区采用政策所规定的缴费比例。跨统筹地区缴费比例是参保单位缴纳当年医疗保险费与缴费基数的百分比，一般情况下是非整数（如降费率、特殊单位等情况）。当年医疗保险费不包含一次性补缴、补收利息、补收滞纳金和退休一次性预缴等。基准年的缴费比例通过计算得出，如当年收到医疗保险费 89.1 万元，其中不属于当年的补缴收入 10 万元，缴费基数 1 000 万元，缴费比例为 7.91%［（89.1－10）/1 000］，则填入 7.91 即可。预测年份的缴费比例应综合考虑各地区的费率及缴费比重等因素，通过分析判断得出（见图5.2）。

年份	缴费比例			单建统筹
	统账结合			
	单位	个人	统筹划入比例	
	%	%	%	%
2010	8.00	2.00	31.26	
2011	8.00	2.00	31.26	
2012	8.00	2.00	31.26	
2013	8.00	2.00	31.26	
2014	8.00	2.00	31.26	
2015	8.00	2.00	31.26	
2016	8.00	2.00	31.26	
2017	8.00	2.00	31.26	
2018	8.00	2.00	31.26	
2019	8.00	2.00	31.26	

图5.2 缴费比例

（2）"个人"。单一统筹地区采用政策规定的个人缴费比例。跨统筹地区缴费比例计算和预测与上述取数方式相同。

（3）"统筹划入个账比例"。填列参保单位当年缴费划入个人账户的比重，即划入个人账户的金额与单位当年缴费额的百分比（计算方式是单位缴纳当年医疗保险费中实际划入参保职工和退休人员账户金额占单位缴费的比重）。如当年业务系统数据库中单位缴费100亿元，其中划入职工个人账户25.56亿元，划入比例为25.56%（25.56/100），则填入25.56即可。

预测年份数据根据政策的走向趋势分析填列。主要考虑人口年龄、退休划转政策、扩面中在职和退休比变化等因素，参考历年该比重变化趋势填列。

2. 单建统筹

填列方式与统账结合单位缴费一致。

3. 统账结合单位缴费基数倍数

统账结合单位缴费基数倍数等于本地区单位缴费基数总额与个人缴费基数之和的比值。如果使用单基数缴费，填入"1"；如果使用双基数缴费，则应按上述表述计算。

(二) 缴费人员占比

1. 统账结合

统账结合模式下，参保职工中缴费人员所占的比例。

2. 单建统筹

单建统筹模式下，参保职工中缴费人员所占的比例。

(三) 征缴率

统账结合征缴率按当期收到的医保收入与当期应收医保费的百分比填入。当期收到的医保费应剔除预缴、补缴因素。单建统筹与统账结合填列方式相同。

(四) 期末欠费情况

1. 期末欠费占征缴收入比例。期末欠费（欠费）占统筹基金当期征缴收入的比例。数据单位为百分比。

2. 期末欠费金额。填列累计欠缴金额。数据单位为亿元。

(五) 清欠情况

清欠情况按照参保情况分为统账结合与单建统筹两种，同一年份只能填列比例或金额绝对值中的一项。

1. 期末清欠占期初欠费比例。为基准年实际清欠金额占上年度累计欠缴金额的比例。数据单位为百分比。

2. 期末清欠金额。相应年份实际清欠金额。数据单位为亿元。

(六) 财政补贴情况

分为统账结合与单建统筹两大类统计，并根据资金来源区分中央和地方财政补助。同一年份只能填列比例或金额绝对值中的一项。

1. 财政补助占统筹基金支出比例。根据当期中央、地方财政补贴额占当期统筹基金待遇支出的百分比分别填列。数据单位为百分比。

2. 财政补助金额。基准年根据中央、地方财政补贴的实际金额分别填列。数据单位为亿元。

预测年（非基准年）数据则考虑中央、地方补贴政策年度变化调整数值。

（七）投资收益率

本项下分为统账结合与单建统筹两大类型。

1. 统账结合

该模式下包含统筹基金和账户基金。

（1）"统筹基金"。此项是当年统筹基金投资收益总额占上年末统筹基金累计结余的比例。投资收益总额包括当年配比的利息收入以及当年购买国债的收益。如去年 5 月存入一年的定期存款，虽然今年收到一年的利息，但属于今年的利息只是该利息的 1/3（今年只占 4 个月）。今年存入跨年度的定期存款或购买国债的收益额计算方法相同（见图 5.3）。

年份	投资收益率		单建统筹
	统账结合		
	统筹基金 %	账户基金 %	统筹基金 %
2010	1.44	0.60	
2011	1.44	0.60	
2012	1.44	0.60	
2013	1.44	0.60	
2014	1.44	0.60	
2015	1.44	0.60	
2016	1.44	0.60	
2017	1.44	0.60	
2018	1.44	0.60	
2019	1.44	0.60	

图 5.3　投资收益率

（2）"账户基金"。计算方式与统筹基金相同。

2. 单建统筹

计算方式与统筹基金相同。

预测年（非基准年）数据则应考虑累计结余变化、年度利率变化、投资比重作适当的调整。

（八）其他收入

其他收入指统筹基金收入中除征缴收入、清欠收入、财政补助和利息收入以外的收入，分为统账结合与单建统筹两大类。同一年份只能填列比例或金额绝对值中的一项。

1. 其他收入比例

其他收入比例指其他收入金额占当期统筹基金征缴收入的比例。如某年其他收入 2.8 亿元，统筹基金征缴收入 90 亿元，则填列 3.11（2.8/90＝3.11％）。

2. 其他收入金额

其他收入金额为实际收入的金额。数据单位亿元。

非基准年预测数据则考虑历史变化、其他因素存续情况等。

五、制度运行（2）表

该表主要记录基准年普通门（急）诊、门诊大病（慢特病）和住院医疗服务利用和医疗费用水平以及在预测期的变动情况。此外，还包括各项基金的支付医疗费用的比例。

（一）基准年普通门（急）诊平均就诊人次（统账结合）

该指标为分年龄、性别的普通门（急）诊平均就诊人次，即基准年不同年龄、性别的人群发生的普通门（急）诊总人次除以对应年龄、性别的平均参保人数。数据单位为次。例如，男性［含职工和退休，普通门（急）诊只含统账结合，下同］56 岁年龄组在基准年普通门（急）诊就诊 14.12 万人次，1—12 月男性 56 岁年龄组平均 1.2 万人，则该单元格填列 11.77（14.12/1.2＝11.77 次）。如果不同年龄段平均就诊人次波动较大，可以作出适当的修正。

（二）基准年门诊大病（慢特病）平均就诊人次

该指标为分年龄、性别的门诊大病（慢特病）平均就诊人次，即基准年不同年龄、性别的人群发生的门诊大病（慢特病）总人次除以对应年龄、性别的平均参保人数。数据单位为百分比。例如，56 岁组男性（含职工和退休，含统账结合和单建统筹，下同）基准年类别 1（癌症）就医合计 8.32 万人次，1—12 月 56 岁组男性（含职工和退休）平均 1.2 万人，则该单元格填列 6.93（8.32/1.2＝6.93 次）。其他依此类推。

模型设计的类别 1 至类别 5 分别表示不同的门诊大病病种。超过 5 种的，前四种一般填列费用最主要的病种，类别 5 合并填列其余的病种。也可以将某些属性相同或相近的病种合并列为其中的一类，但合并后类别总数不能超过 5 种。

（三）基准年平均住院率

该指标为分年龄、性别的平均住院率，即基准年不同年龄、性别的人群发生的住院总人次除以对应年龄、性别的平均参保人数。数据单位为百分比。

住院率分为一级、二级和三级医院住院率。如基准年 56 岁组男性（含职工和退休，含统账结合和单建统筹，下同）在一级、二级和三级医院住院总人次分别为 0.08、0.19 和 0.42 万人次，1—12 月 56 岁组男性（含职工和退休）平均 1.2 万人，则该行单元格依次填列 6.67、15.83 和 35.0（0.08/1.2＝0.066 7 次，0.19/1.2＝0.158 3 次，0.42/1.2＝0.35 次）。其他依此类推。

（四）基准年普通门（急）诊次均费用（统账结合）

该指标为分年龄、性别的普通门（急）诊就诊次均费用，即某一年龄、性别的人群在基准年发生的普通门（急）诊总费用除以对应年龄、性别的就诊人次。数据单位为元。如 56 岁组男性（含职工和退休）基准年普通门（急）诊就医合计 14.12 万人次，费用 1 959.8 万元，则该单元格填列 138.80（1 959.8/14.12＝138.80 元）。其他依此类推。

上述的费用是指符合医保规定的部分，并非全部费用，下同。

（五）基准年门诊大病（慢特病）次均医疗费用（分病种）

该指标为分年龄、性别参保人员门诊大病（慢特病）次均费用，即某一年龄、性别和病种的人群在基准年的门诊大病费用除以对应年龄、性别的就诊人次。数据单位为元。如 56 岁组男性（含职工和退休）基准年类别 1（慢性支气管炎和糖尿病）就医合计 8.32 万人次，合计费用 7 455.9 万元，则该单元格填列 896.14（7 455.9/8.32＝896.14 元）。其他依此类推。

类别 1 至类别 5 的归类口径应与基准年门诊大病（慢特病）平均就诊人次的归类口径相对应，下同。

（六）基准年住院次均医疗费用

该指标为分年龄、性别参保人员住院的次均医疗费用，即某一年龄、性别的人群在基准年住院总费用除以对应年龄、性别出院人次。数据单位为元。如男性（含职工和退休）56 岁年龄组基准年在一级、二级和三级医院住院总人次分别为 0.08、0.19 和 0.42 万人次，男性（含职工和退休）56 岁年龄组在一级、二级和三级医院费用分别为 223.08、1 133.60 和 4 658.33 万元，则该行单元格依次填列 2 788.50、5 966.32 和 11 091.26 元（223.08/0.08＝2 788.50 元，1 133.60/0.19＝5 966.32 元，4 658.33/0.42＝11 091.26元）。其他依此类推。

（七）医疗服务利用变动情况

该指标是指预测年份平均普通门（急）诊平均就诊人次、平均门诊大病（慢特病）平均就诊人次和住院率分别与预测基准年的比值。数据单位为百分比。该指标属于高度敏感指标，应基于过去 5 年（至少 3 年）的年度平均值综合考虑。

1. "普通门（急）诊"

该指标是衡量普通门（急）诊平均门诊人次的年度增长情况，对上述分性别、年龄的平均门诊人次设定统一的增长率（实际填列发展速度，下同）。

该指标预测应基于过去 5 年（至少 3 年）的年度平均门诊人次变动统计情况给出，同时应考虑门诊启动期、垫付与联网支付变动期门诊特殊高增长趋势。例如，假设预测基准年为2010年，2011年普通门（急）诊平均人次环比增长10%，2012年为8%，则填列2010年、2011年、2012年普通门（急）诊利用变动指数分别为100、110和118.8（110%×108%＝118.8%），其余年份依此类推。

具体计算上述指标时可考虑三种方式：一是对2008年、2009年、2010年的发展速度求几何或者算术平均；二是对2008年、2009年、2010年的发展速度按照权重0.2、0.3和0.5取平均值；三是在分析数据的基础上结合经办措施和政策变更直接给定。

多年环比后该指标将出现较大变异，指标合理把握应宏观综合考虑。

2. "门诊大病（慢特病）"

该指标是衡量门诊大病（慢特病）平均就诊人次的年度增长情况，对上述分性别、年龄的某一个病种平均门诊人次设定统一的增长率。

全国普遍都实行了门诊大病（慢特病）政策，病种各有不同，门诊大病（慢特病）即将或已经成为统筹基金支出的重点。现行各地的慢性病种均大于5种，建议对费用相对较高的4种进行个别分析，其他病种合并作为第5种进行单独统计。某些地区存在病种间统筹支出比例不同的情况，也可以将相近若干病种合并作为一项进行统计。由于按照病种输入增长率，除了基于过去5年（至少3年）的门诊慢性病就诊人次变动统计情况外，对主要类别发病情况把握至关重要，应深入分析病种的流行病学趋势。以常见的癌症类别为例，在考虑医保发病率和增长情况时，必须收集本地区人口主要癌谱、过去发病情况和今后的预测情况，以此为基准校正医保发病率。

指标计算、填列与普通门（急）诊相同。

3. "住院"

该指标是衡量住院率年度增长情况，对上述分性别、年龄在不同级别医院的住院率设定统一的增长率。

该指标预测应基于5年以上的住院率变动统计情况给出，同时应考虑不同医院起付标准、支付比例的政策变动引致不同级别住院率变动。一般该增速较低且稳定。

指标计算、填列与普通门（急）诊相同。

(八) 医疗费用变动情况

该指标是指预测年份普通门（急）诊次均费用、门诊大病（慢特病）次均费用和次均住院费用分别与基准年的比值。数据单位为百分比。基准年定为100，预测年采用环比发展速度计算得到的定基发展数值（基准年2009年设定为100，假设年次均费用增长率为10%，2010年预测值为110，2011年为110×1.10=121，以此类推），按照环比发展速度的模式填列。均属于高度敏感指标。这里所称的费用，亦是指相关项目中符合医保规定的费用。

1．"普通门（急）诊"

该指标是衡量普通门（急）诊次均门诊费用的年度增长情况，对上述分性别、年龄的平均费用设定相应的增长率（实际填列发展速度，下同）。

该指标预测、计算、填列同上。

2．"门诊大病（慢特病）"

该指标是衡量门诊大病（慢特病）次均门诊费用的年度增长情况，对上述分性别、年龄的某一个病种平均门诊费用［门诊大病（慢特病）人均医疗费］设定相应的增长率。

按照病种费用增长率主要参考近年增长趋势。

指标计算、填列与普通门（急）诊相同。

3．"住院"

该指标是衡量次均住院费用年度增长情况，对上述分性别、年龄在不同级别医院的住院费用设定统一的增长率。

该指标预测应基于5年以上的住院费用变动统计情况给出，同时应考虑不同医院起付标准、支付比例的政策变动长期趋势。一般该增速较均衡。

指标预测、计算、填列与普通门（急）诊相同。

> **【阅读参考】参数假设填写说明**
>
> 两项指标预测均为敏感数据，除了一般数据处理外（平均取值），更应考虑当地宏观经济增长（GDP）卫生总费用的比重和增长趋势（一般在当地统计年鉴上可查阅）。医疗保险费用的增长，除了覆盖面扩大和人口老龄化外（这两点模型已完全考虑），主要表现在医疗费用变动情况和医疗服务利用变动情况的增长趋势，即各种发病率和次（人）均费用增长趋势，这是卫生经济运行的内生变量，较难把握，需要更长期的数据积累。经验表明，发病率和次（人）均费用二者提供的医疗费用增长率（乘积形式），一般略高于卫生总费用的增长率（医保费用远高于相同情况非医保）。卫生总费用在GDP占比偏低时，应考虑"补涨"趋势。在经济快速发展地区，年度GDP增长15%以上的，可能接近或者略低于该水平；经济平稳发展地区，年度GDP增长10%以下的，有可能略超于该水平。具体到普通门（急）诊、门诊大病（慢特病）和住院，规律性各有差别。总的来看，普通门（急）诊、门诊大病（慢特病）处于高增长期，住院增长则较为稳定。例如，输出表中医疗总费用［含普通门（急）诊、门诊大病（慢特病）和住院］剔除参保人群扩大等因素后，年均增长12~20可以认为基本可行，否则应查找原因。长期来看（5年以上），发病率可保持基本稳定的低增长，趋近某一极值，次均费用将持续一定增长。各地"十二五"规划增长目标可供参考，特别是在沿海经济发达各省市已纷纷调低GDP增长率的情况下。

（九）基金支付情况

按照普通门（急）诊、门诊大病（慢特病）和住院三类分别给定不同基金支付比例，同理也是按照权责发生制计算。其中普通门（急）诊只适用于统账结合参保人群，设定对应的统筹支付比例和个人账户支付比例；门诊大病（慢特病）和住院则针对统账结合和单建统筹两类参保人群，相应增加单建统筹的支付比例。需要注意的是，支付比例计算时采用综合平均算法，并非政策规定的比例。分子是对应基金支出合计，分母是对应符合医保规定的总费用合计（含各项基金支付和个人负担）。如预测年度出现起付线、支付比例或封顶线等政策调整因素，则需要利用精算工具测算支付比例的变化后填列。

1. "普通门（急）诊"（统账结合模式）

（1）统筹支付比例。即基准年普通门（急）诊统筹基金支出占普通门（急）诊医保政策内总费用合计的比例。

在没有政策变动时，预测年（非基准年）的数据，一般取值范围为年均下降 0.2%～0.8%。如 2010 年普通门（急）诊统筹基金支出 22.15 亿元，普通门（急）诊中医保政策内总费用 45.52 亿元，则基准年普通门（急）诊统筹支付比例填列为 48.66（22.15/45.52＝48.66%）。根据递减趋势对 2011 年、2012 年可以直接给定为 48.36 和 48.06（即每年递减 0.3%）。

如预测年度政策调整，则需要重新测算支付比例（可参阅精算测算工具《起付线、支付比例和封顶线应用》）。

（2）个人账户支付比例。即基准年普通门（急）诊中个人账户基金支出占普通门（急）诊医保政策内总费用的比例。

假设 2010 年普通门（急）诊中个人账户支出 14.2 亿元，普通门（急）诊中医保政策内总费用 45.52 亿元，则基准年普通门（急）诊个人账户支付比例填列为 31.2（14.2/45.52＝31.2%）。

逻辑判断：个人账户支付比例与统筹支付比例之和不应超过 100%。

2. 门诊大病（慢特病）

（1）统筹支付比例。即统账结合模式中，基准年门诊大病（慢特病）统筹基金支出占门诊大病（慢特病）医保政策内总费用合计的比例。计算填列方式与"普通门（急）诊（统账结合模式）"中"统筹支付比例"项相同。

如预测年度政策调整，则需要重新测算支付比例。

（2）单建支付比例。即单建统筹模式中，基准年门诊大病（慢特病）统筹基金支出占门诊大病（慢特病）医保政策内总费用的比例。

计算填列方式与"普通门（急）诊（统账结合模式）"中"统筹支付比例"项相同。

如预测年度政策调整，则需要重新测算支付比例。

（3）个人账户支付比例。即基准年门诊大病（慢特病）中个人账户基金支出占门诊大病（慢特病）医保政策内总费用合计的比例。

个人账户支出规律与前者相同。

3. 住院

（1）统筹支付比例。即统账结合模式中，基准年住院统筹基金支出占住院医保政策内总费用合计的比例。计算填列方式与"普通门（急）诊（统账结合模式）"中"统筹支付比例"项相同。

如预测年度住院政策调整，则需要重新测算支付比例。

（2）单建支付比例。即单建统筹模式中，基准年住院统筹基金支出占住院医保政策内总费用合计的比例。

计算填列方式与"普通门（急）诊（统账结合模式）"中"统筹支付比例"项相同。

如预测年度政策调整，则需要重新测算支付比例。

（3）个人账户支付比例。即基准年住院费用中个人账户基金支出占住院中医保政策内总费用合计的比例。

个人账户支出规律与前者相同。

（十）其他支出

指除普通门（急）诊、门诊大病（慢特病）和住院之外的统筹基金支出，按照统账结合和单建统筹两种模式填列。同一年份只能填列支出比例或其他支出金额中的一项。

1. 统账结合

其他支出比例等于其他支出除以同期统账结合统筹基金待遇支出，根据统计或者财务报表近年数据填列（注：基准年根据实际发生情况填列，预测年根据各地政策酌情填列）。

其他支出金额填列具体金额，单位为亿元。

2. 单建统筹

在单建统筹范围按照统账结合模式填列。

六、宏观经济表

（一）GDP 增长率

该指标反映测算期各年份本地区的 GDP 增长率。基准年增长率按照当地《国民经济和社会发展统计公报》或《统计年鉴》公布的"GDP 增长率"数据填列；预测年增长率则根据当地社会经济发展规划采用适当比例填列（必须在精算报告中加以说明）。

（二）银行利率

该指标反映中国人民银行公布的一年期法定存款利率。该指标填列精算基准年的上年末的法定存款利率。

（三）债券利率

该指标反映一年期国债的收益率。该指标按照基准年上年末的国债收益率填列。

（四）财政收入增长率

该指标反映测算期各年份本地区的地方财政收入增长率。基准年按照当地《国民经济和社会发展统计公报》或《统计年鉴》公布的"地方财政收入增长率"数据填列。预测年按当地社会经济发展规划填列。

(五) 社平工资增长率

该指标反映测算期各年份本地区在岗职工月平均工资增长率。基准年根据《统计年鉴》、统计部门或人力资源和社会保障部门对外公布的"全社会在岗职工年平均工资"与上年公布的"全社会在岗职工年平均工资"百分比填列。预测年则根据各地区实际情况自行采用相应比例进行测算(必须在精算报告中加以说明)。

第六章　输出表内容与使用

输出表由 MIFA 模型调用输入表计算后自动生产，结果可以分成"人口"和"制度运行"两类。本节使用的数据均为虚拟数据。

第一节　"人口"类指标解释

"人口"类指标解释共 23 张表，分为生命表、农村人口、城镇人口、总人口、迁移人口、城镇经济活动人口、城镇就业人口和人口综合情况八类（见图 6.1）。

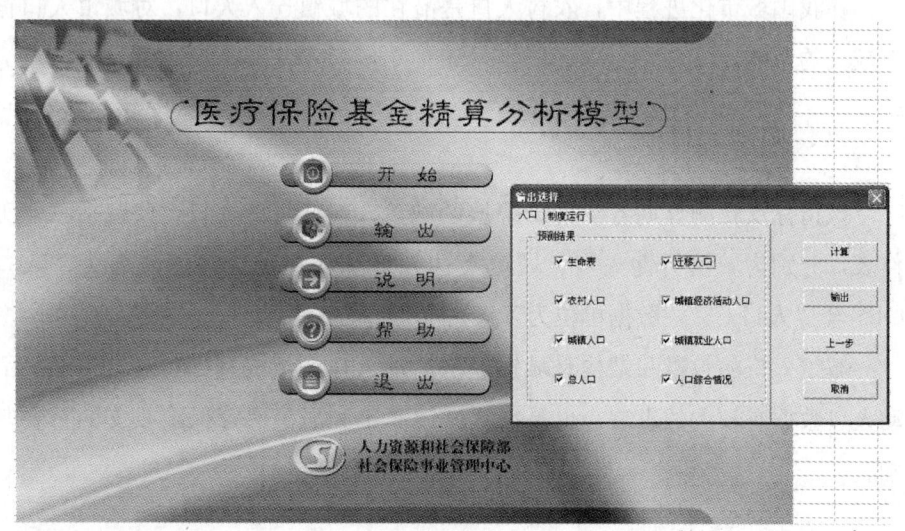

图 6.1　医疗保险基金精算分析模型人口输出界面

一、生命表

生命表又称"死亡表"（Mortality Table）或寿命表，是对特定范围相当数量的人口自出生（或一定年龄）开始，直至这些人口全部去世为止的生存与死亡记录，在社会医疗保险精算短期测算中，是对参保人员生存状态和基金支出数据影响最大的因素之一。

该生命表一套四张，分别为农村男性、农村女性、城镇男性和城镇女性（表名为"生命表1"至"生命表4"），反映测算期各年份人口0~100岁各年龄组的死亡率。

二、农村人口

该指标反映测算期各年份统筹地区农村人口数，共包括三张工作表，分别为农村男性人口、农村女性人口和农村总人口（表名为"人口N1"至"人口N3"，数据单位为万人）。

在我国城市化进程中，农村人口是潜在的城镇迁入人口，对城镇人口据有较大的影响。

三、城镇人口

该指标反映测算期各年份统筹地区城镇人口统计的人口，共包括三张工作表，分别为城镇男性人口、城镇女性人口和城镇总人口（表名为"人口C1"至"人口C3"，数据单位为万人）。

城镇人口的数量和结构是城镇经济活动人口的组成基础，对城镇经济活动人口数据有较大的影响，也是精算城镇职工和居民医疗保险收支的重要基础。

四、总人口

该指标反映测算期各年份统筹地区城镇和农村人口总数，共包括三张工作表，分别为全体男性人口、全体女性人口和全体总人口（表名为"人口 1"至"人口 3"，数据单位为万人）。

五、迁移人口

该指标反映测算期各年份统筹地区净迁入人口数，该迁移人口表一套三张，分别为男性迁移人口、女性迁移人口和总迁移人口（表名为"迁移人口 1"至"迁移人口 3"，数据单位为万人）。

六、城镇经济活动人口

该指标反映测算期各年份城镇经济活动人口数量，即城镇就业人口与失业人口之和，共包括三张工作表，分别为城镇男性经济活动人口、城镇女性经济活动人口和城镇劳动总人口（表名为"经济人口 1"至"经济人口 3"，数据单位为万人）。

七、城镇就业人口

该指标反映测算期各年份城镇就业人口数量，共包括三张工作表，分别为城镇男性就业人口、城镇女性就业人口和城镇就业总人口（表名为"就业人口 1"至"就业人口 3"，数据单位为万人）。

八、人口综合情况

该指标反映测算期各年份人口年龄结构、城镇化等的变化概况，包括人口综合情况和城镇化情况两部分（见图 6.2），数据单位为万人。

（一）年份

"年份"指预测期内各年度。

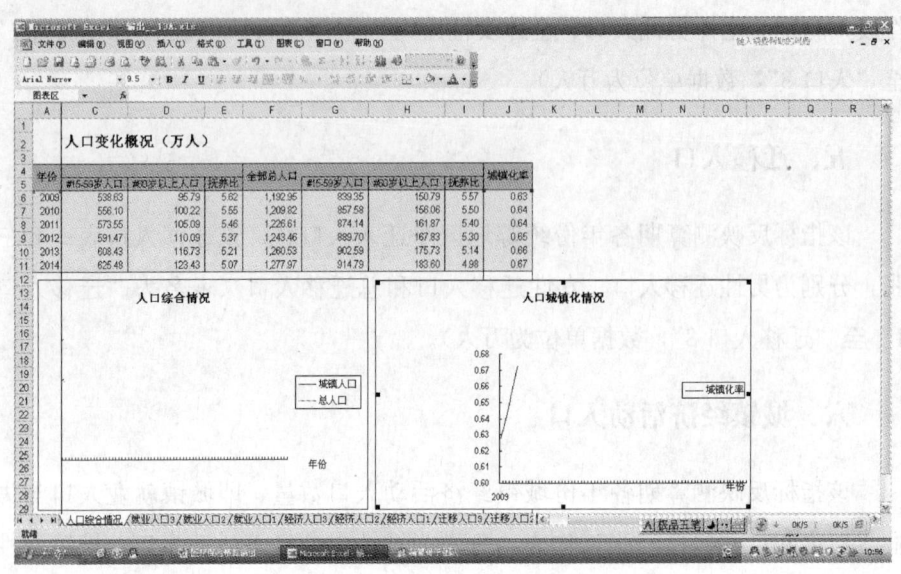

图 6.2 预测期内人口变化概况

(二) 城镇总人口

该指标反映测算期各年份统筹地区城镇总人口的数量，数据单位为万人。

"16～59"指 16～59 岁年龄段的城镇人口在此年龄段城镇总人口中的比重。

"60～100"指 60～100 岁年龄段的城镇人口在此年龄段城镇总人口中的比重。

"抚养比"指城镇 16～59 岁人口总数与 60 岁以上人口总数的比值。

(三) 全部总人口

该指标反映测算期各年份统筹地区全部总人口的数量，数据单位为万人。

"16～59"指 16～59 岁年龄段的全部人口在此年龄段全部总人口中的比重。

"60～100"指 60～100 岁年龄段的全部人口在此年龄段全部总人口中的

比重。

"抚养比"指全部总人口中16~59岁人口总数与60岁以上人口总数的比值。

(四) 城镇化率

"城镇化率"指城镇人口占全部总人口中的比例。

第二节 "制度运行"类指标解释

"制度运行"类指标解释共11张表,分为制度运行、参保与退休人员、工资与医疗费用、统筹基金收支、个人账户收支和总收支六类(见图6.3)。

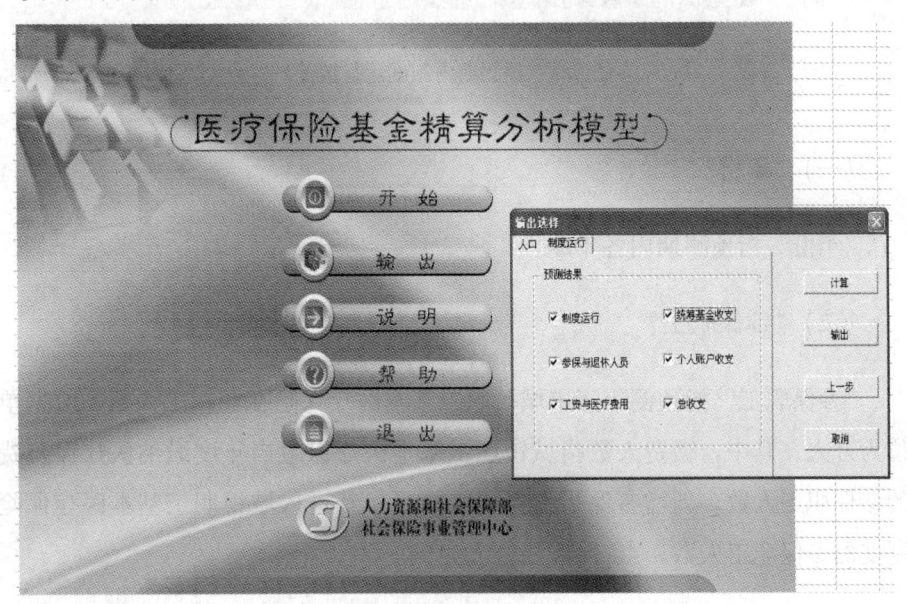

图6.3 医疗保险基金精算分析模型制度运行输出界面

一、制度运行

表名:制度综合表。

标题：预测期内制度运行情况（见图6.4）。

年份	参保职工	#缴费人数	#新增参保	退休人员	#新增退休	赡养率	抚养比	制度覆盖面	16-59	60-100	参保/就业
2009	30.70	30.70	4.16	14.72	0.68	0.48	2.09	0.07	0.07	0.08	
2010	34.14	34.14	4.16	15.83	0.68	0.46	2.16	0.08	0.08	0.08	
2011	37.58	37.58	4.16	16.76	0.68	0.45	2.24	0.08	0.08	0.08	
2012	41.03	41.03	4.35	17.69	0.86	0.43	2.32	0.08	0.08	0.09	
2013	44.47	44.47	4.33	18.40	0.84	0.41	2.42	0.09	0.09	0.09	
2014	47.91	47.91	4.27	18.87	0.78	0.39	2.54	0.09	0.09	0.09	

图6.4 预测期内制度运行情况

（一）"年份"

"年份"指预测期内各年度。

（二）"参保职工"

"参保职工"指预测年年末城镇职工基本医疗保险在职职工人数，数据单位为万人。其中，缴费人数指城镇职工基本医疗保险当年度缴纳医疗保险费的参保职工人数；新增参保指参保职工中当年新进入城镇职工基本医疗保险制度的参保职工人数。

（三）"退休人员"

"退休人员"指预测年年末城镇职工基本医疗保险退休人员人数，数据单位为万人。其中，"新增退休"是指退休日期在当年的退休人员人数。

（四）"赡养率"

"赡养率"指城镇职工基本医疗保险退休人员人数占参保职工人数的百分比。

（五）"抚养比"

"抚养比"指城镇职工基本医疗保险参保职工人数与退休人员人数的比值。

（六）"制度覆盖面"

"16～59"指城镇职工基本医疗保险16～59岁年龄段参保人员（参保职工和退休人员）占此年龄段城镇人口中的比重。

"60～100"指城镇职工基本医疗保险60～100岁年龄段的参保人员占此年龄段城镇人口中的比重。

（七）"参保/就业"

"参保/就业"指城镇职工基本医疗保险参保职工人数占本地城镇就业人员人数的比重。

二、参保与退休人员

表名：参保与退休情况。
标题：预测期内参保和退休人员变化详细情况（见图6.5）。

（一）"年份"

"年份"指预测期内各年度。

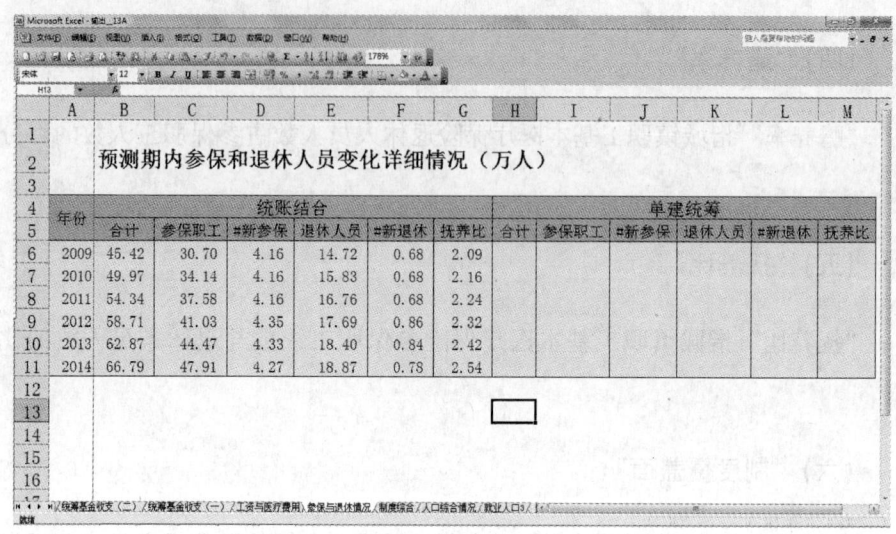

图 6.5 预测期内参保和退休人员变化详细情况

(二)"统账结合"

"合计"指城镇职工基本医疗保险统账结合制度下的参保人员人数,包括参保职工和退休人员,数据单位为万人。

"参保职工"指城镇职工基本医疗保险统账结合制度下预测年年末的参保职工人数,数据单位为万人。

"新参保"指城镇职工基本医疗保险中参保日期为当年的参保职工,数据单位为万人。

"退休人员"指城镇职工基本医疗保险统账结合制度下的当期的退休人员人数,数据单位为万人。

"新退休"指城镇职工基本医疗保险退休日期为当年退休人员,数据单位为万人。

"抚养比"城镇职工基本医疗保险参保职工人数与退休人员人数的比值。

（三）"单建统筹"

同上述"（二）统账结合"部分。

三、工资与医疗费用

表名：工资与医疗费用。

标题：预测期内工资与医疗费用（医疗保险政策内总费用）发生情况（见图 6.6）

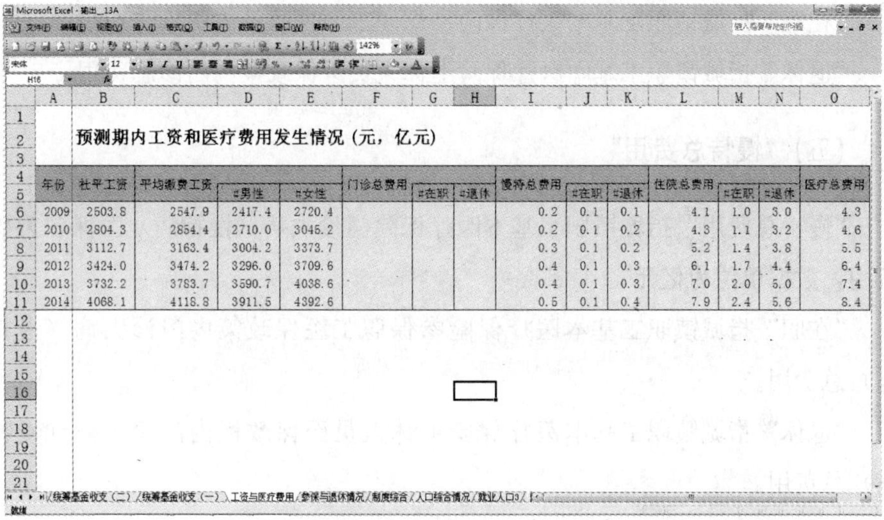

预测期内工资和医疗费用发生情况（元，亿元）

年份	社平工资	平均缴费工资	#男性	#女性	门诊总费用	#在职	#退休	慢特总费用	#在职	#退休	住院总费用	#在职	#退休	医疗总费用
2009	2503.8	2547.9	2417.4	2720.4				0.2	0.1	0.1	4.1	1.0	3.0	4.3
2010	2804.3	2854.4	2710.0	3045.2				0.2	0.1	0.2	4.3	1.1	3.2	4.6
2011	3112.7	3163.4	3004.2	3373.7				0.3	0.1	0.2	5.2	1.4	3.8	5.5
2012	3424.0	3474.2	3296.0	3709.6				0.4	0.1	0.3	6.1	1.7	4.4	6.4
2013	3732.2	3783.7	3590.7	4038.6				0.4	0.1	0.3	7.0	2.0	5.0	7.4
2014	4068.1	4118.8	3911.5	4392.6				0.5	0.1	0.4	7.9	2.4	5.6	8.4

图 6.6　预测期内工资与医疗费用发生情况

（一）"年份"

"年份"指预测期内各年度。

（二）"社平工资"

"社平工资"指根据模型预测的各年度全社会在岗职工平均工资（元）。

(三)"平均缴费工资"

"男性"指男性月平均缴费工资,数据单位为元/月。

"女性"指女性月平均缴费工资,数据单位为元/月。

(四)"门诊总费用"

"门诊总费用"指城镇职工基本医疗保险医保政策内门诊总费用(不含慢特总费用),数据单位为亿元。

"在职"指城镇职工基本医疗保险参保职工医保政策内门诊总费用。

"退休"指城镇职工基本医疗保险退休人员医保政策内门诊总费用。

(五)"慢特总费用"

"慢特总费用"指城镇职工基本医疗保险门诊大病(慢特病)医保政策内费用,数据单位为亿元。

"在职"指城镇职工基本医疗保险参保职工医保政策内门诊大病(慢特病)总费用。

"退休"指城镇职工基本医疗保险退休人员医保政策内门诊大病(慢特病)总费用。

(六)"住院总费用"

"住院总费用"指城镇职工基本医疗保险医保政策内住院总费用,数据单位为亿元。

"在职"指城镇职工基本医疗保险参保职工医保政策内住院总费用。

"退休"指城镇职工基本医疗保险退休人员医保政策内住院总费用。

(七)"医疗总费用"

"医疗总费用"指上述门诊总费用、慢特总费用和住院总费用之和。

四、统筹基金收支——统账结合统筹基金收支

表名：统筹基金收支（一）。

标题：统筹基金收支（统账结合）情况（见图6.7）。

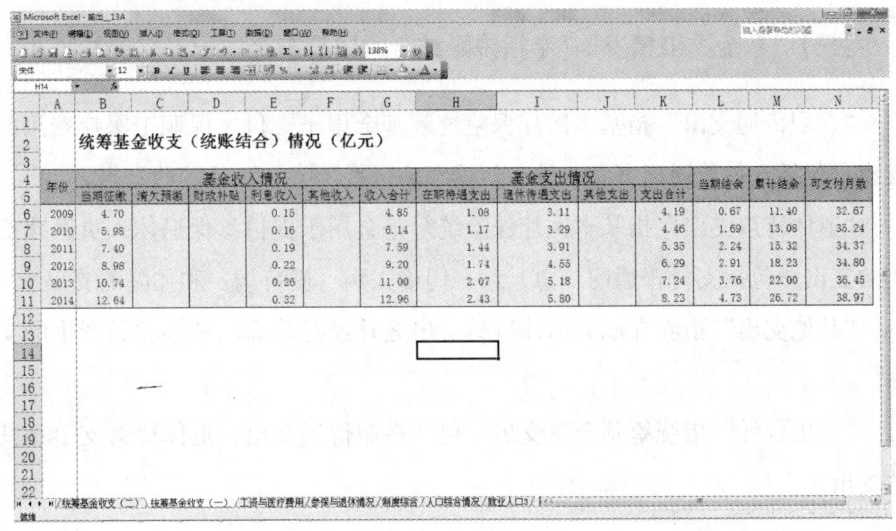

图6.7 统筹基金收支（统账结合）情况

（一）"年份"

"年份"指预测期内各年度。

（二）"基金收入情况"（专指统账结合的统筹基金，亿元）

"当期征缴"指向参保单位征收的当期医疗保险费中划入统筹基金部分。

"清欠预缴"指向参保单位征收的非当期医疗保险费中划入统筹基金部分，包括清欠收入和单位预缴收入。

"财政补贴"指中央和地方财政对基本医疗保险统筹基金的补贴。

"利息收入"指用基本医疗保险统筹基金购买国家债券或存入银行取得的利息收入。

"其他收入"指基本医疗保险统筹基金除当期征缴收入、清欠预缴收入、财政补贴收入和利息收入以外的收入。

"收入合计"指统筹基金总收入,包括当期征缴收入、清欠预缴收入、财政补贴收入、利息收入和其他收入。

(三)"基金支出情况"(专指统账结合的统筹基金支出,亿元)

"在职待遇支出"指基本医疗保险统筹基金用于支付参保职工医疗费用的支出,包括支付普通门(急)诊、门诊大病(慢特病)和住院的支出。

"退休待遇支出"指基本医疗保险统筹基金用于支付参保退休人员医疗费用的支出,包括支付普通门(急)诊、门诊大病(慢特病)和住院的支出。

"其他支出"指除在职和退休待遇支出之外经财政部门核准项目产生的支出。

"支出合计"指统筹基金总支出,包括在职待遇支出、退休待遇支出和其他支出。

(四)"当期结余"

"当期结余"指当年城镇职工基本医疗保险统账结合统筹基金总收入减总支出的差额,数据单位为亿元。

(五)"累计结余"

"累计结余"指城镇职工基本医疗保险统账结合统筹基金历年累计结余,数据单位为亿元。

(六)"可支付月数"

"可支付月数"指预测年城镇职工基本医疗保险统账结合统筹基金累计结余按当年月均支付水平计算的可支付时间,即:可支付月数=预测年统筹基金累计结余÷当年支出合计×12个月。

五、统筹基金收支——单建统筹基金收支

表名：统筹基金收支（二）。

标题：统筹基金收支（单建统筹）情况（见图 6.8）。

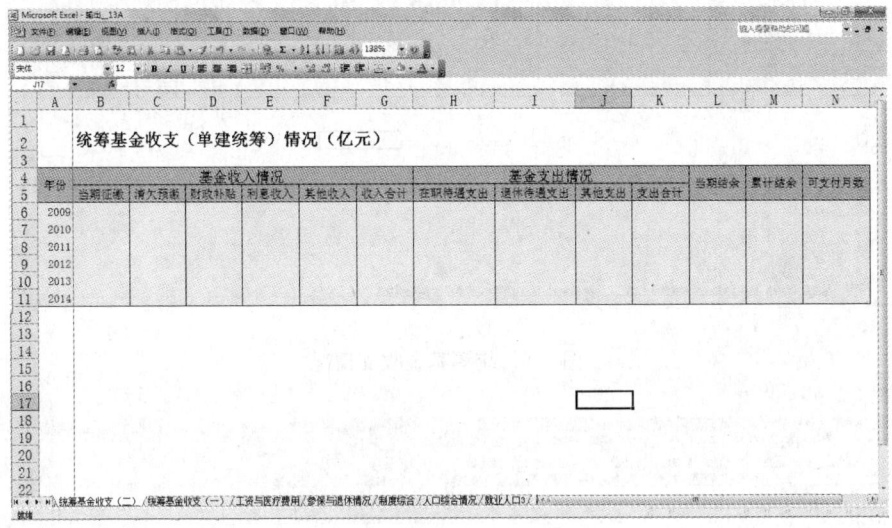

图 6.8　统筹基金收支（单建统筹）情况

各指标解释参照"四、统筹基金收支——统账结合统筹基金收支"部分。

六、统筹基金收支——统筹基金总收支

表名：统筹基金总收支。

标题：统筹基金收支情况（见图 6.9）。

统筹基金总收支等于统账结合和单建统筹基金各项收入和支出的合计。

各指标解释参照"四、统筹基金收支——统账结合统筹基金收支"部分。

七、统筹基金收支——统筹基金支出明细

表名：统筹基金支出明细。

标题：统筹基金支出详细情况——年人均支付额（见图 6.10）。

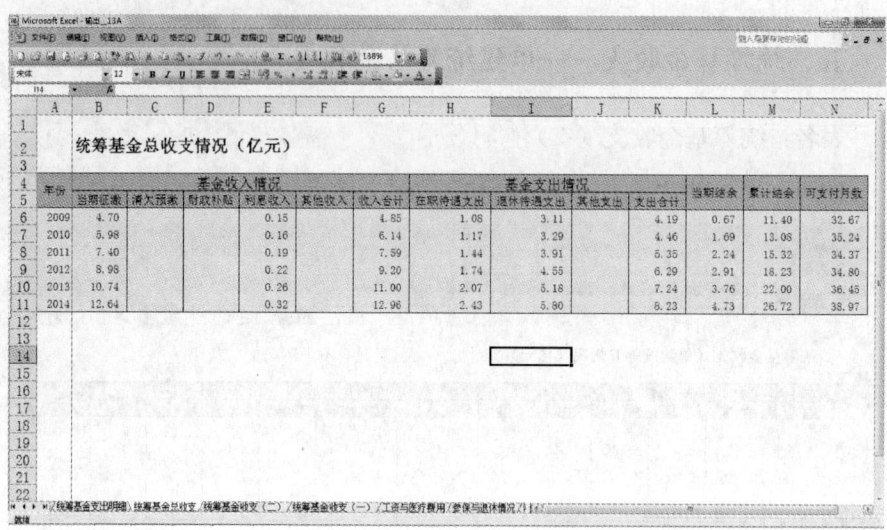

图 6.9　统筹基金收支情况

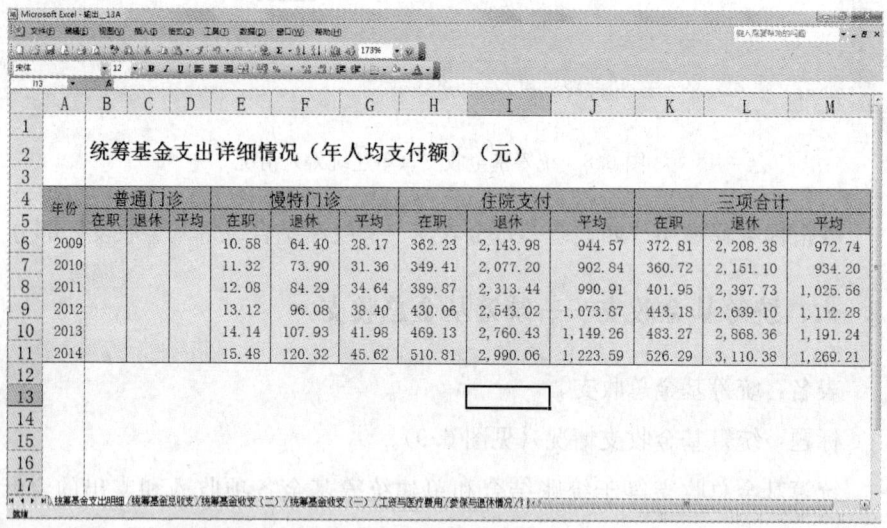

图 6.10　统筹基金支出详细情况——年人均支付额

（一）"年份"

"年份"指预测期内各年度。

第六章 输出表内容与使用

(二)"普通门诊"

普通门诊统筹基金支出情况适用于建立门诊统筹的地区。

"在职"指当年城镇职工基本医疗保险统筹基金支付参保职工普通门(急)诊的金额(元),等于参保职工普通门诊统筹基金支出年度总额除以统账结合参保职工平均人数。

"退休"指当年城镇职工基本医疗保险统筹基金支付退休人员普通门(急)诊的金额(元),等于退休人员普通门诊统筹基金支出年度总额除以统账结合退休人员平均人数。

"平均"指当年城镇职工基本医疗保险统筹基金支付参保人员(参保职工和退休人员)普通门(急)诊金额(元),等于普通门诊统筹基金支出年度总额除以统账结合参保人员的平均人数。

(三)"慢特门诊"

"在职"指当年城镇职工基本医疗保险统筹基金支付参保职工门诊大病(慢特病)的金额(元),等于参保职工门诊大病(慢特病)统筹基金支出年度总额除以统账结合参保职工平均人数(含统账结合和单建统筹)。

"退休"指当年城镇职工基本医疗保险统筹基金支付退休人员门诊大病(慢特病)的金额(元),等于退休人员门诊大病(慢特病)统筹基金支出年度总额除以统账结合退休人员平均人数(含统账结合和单建统筹)。

"平均"指当年城镇职工基本医疗保险统筹基金支付参保人员(参保职工和退休人员)门诊大病(慢特病)金额(元),等于门诊大病(慢特病)统筹基金支出年度总额除以统账结合参保人员的平均人数(含统账结合和单建统筹)。

(四)"住院支付"

"在职"指当年城镇职工基本医疗保险统筹基金支付参保职工住院的金额

（元），等于参保职工住院统筹基金支出年度总额除以统账结合参保职工平均人数（含统账结合和单建统筹）。

"退休"指当年城镇职工基本医疗保险统筹基金支付退休人员住院的金额（元），等于退休人员住院统筹基金支出年度总额除以统账结合退休人员平均人数（含统账结合和单建统筹）。

"平均"指当年城镇职工基本医疗保险统筹基金支付参保人员（参保职工和退休人员）住院金额（元），等于住院统筹基金支出年度总额除以统账结合参保人员的平均人数（含统账结合和单建统筹）。

(五)"三项合计"

"在职"指参保职工统筹基金年人均支出额（元）。

"退休"指退休人员统筹基金年人均支出额（元）。

"平均"指统筹基金年人均支出额（元）。

统筹基金支出详细情况（年人均支付额）是说明统筹基金总支出在普通门（急）诊、门诊大病（慢特病）和住院这三项费用中支出的人均分布情况

八、统筹基金收支——统筹基金支出明细（一）

表名：统筹基金支出明细1。

标题：统筹基金支出详细情况——年人均支付额与月平均工资之比（见图6.11）。

"统筹基金支出详细情况（年人均支出额与月平均工资之比）"是主要通过说明统筹基金年人均支出额与在岗职工月平均工资的相对比较，反映统筹基金的支付水平，细分为普通门（急）诊、门诊大病（慢特病）和住院三项。

(一)"年份"

"年份"指预测期内各年度。

第六章 输出表内容与使用

年份	普通门诊			慢特门诊			住院支付			三项合计		
	在职	退休	平均	在职	退休	平均	在职	退休	平均	在职	退休	平均
2009				0.00	0.03	0.01	0.14	0.86	0.38	0.15	0.88	0.39
2010				0.00	0.03	0.01	0.12	0.74	0.32	0.13	0.77	0.33
2011				0.00	0.03	0.01	0.13	0.74	0.32	0.13	0.77	0.33
2012				0.00	0.03	0.01	0.13	0.74	0.31	0.13	0.77	0.32
2013				0.00	0.03	0.01	0.13	0.74	0.31	0.13	0.77	0.32
2014				0.00	0.03	0.01	0.13	0.74	0.30	0.13	0.76	0.31

统筹基金支出详细情况（年人均支付额与月平均工资之比）（比值）

图 6.11 统筹基金支出详细情况——年人均支付额与月平均工资之比

(二)"普通门诊"

"在职"指城镇职工基本医疗保险参保职工统筹基金普通门（急）诊年人均支出额与在岗职工月平均工资之比。

"退休"指城镇职工基本医疗保险退休人员统筹基金普通门（急）诊年人均支出额与在岗职工月平均工资之比。

"平均"指城镇职工基本医疗保险参保人员（参保职工和退休人员）统筹基金普通门（急）诊年人均支出额与在岗职工月平均工资之比。

(三)"慢特门诊"

"在职"指城镇职工基本医疗保险参保职工统筹基金门诊大病（慢特病）年人均支出额与在岗职工月平均工资之比。

"退休"指城镇职工基本医疗保险退休人员统筹基金门诊大病（慢特病）年人均支出额与在岗职工月平均工资之比。

"平均"指城镇职工基本医疗保险参保人员（参保职工和退休人员）统筹

基金门诊大病（慢特病）年人均支出额与在岗职工月平均工资之比。

（四）"住院支付"

"在职"指城镇职工基本医疗保险参保职工统筹基金住院年人均支出额与在岗职工月平均工资之比。

"退休"指城镇职工基本医疗保险退休人员统筹基金住院年人均支出额与在岗职工月平均工资之比。

"平均"指城镇职工基本医疗保险参保人员（参保职工和退休人员）统筹基金住院年人均支出额与在岗职工月平均工资之比。

（五）"三项合计"

"在职"指城镇职工基本医疗保险参保职工统筹基金年人均支出额与在岗职工月平均工资之比。

"退休"指城镇职工基本医疗保险退休人员统筹基金年人均支出额与在岗职工月平均工资之比。

"平均"指城镇职工基本医疗保险参保人员（参保职工和退休人员）统筹基金年人均支出额与在岗职工月平均工资之比。

九、统筹基金收支——统筹基金支出明细（二）

表名：统筹基金支出明细2。

标题：统筹基金支出详细情况——在职和退休年人均支付额之比（见图6.12）。

"统筹基金支出详细情况（在职和退休年人均支付额之比）"是通过统筹基金年人均支出额退休人员与参保职工的相对比较，反映统筹基金医疗保险待遇支出中退休人员与参保职工的分配情况。

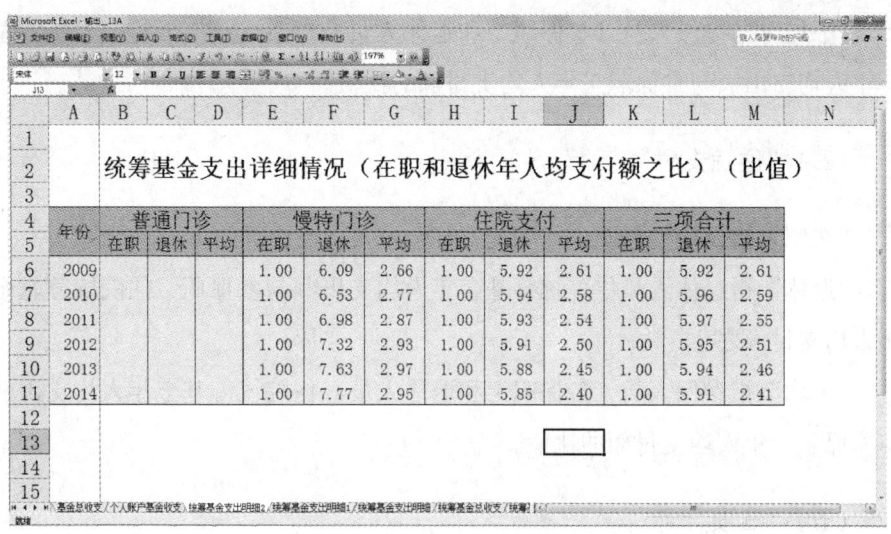

图 6.12 统筹基金支出详细情况——在职和退休年人均支付额之比

(一)"年份"

"年份"指预测期内各年度。

(二)"普通门诊"

"在职"指设定参保职工普通门(急)诊统筹基金年人均支出额为1。

"退休"指退休人员普通门(急)诊统筹基金年人均支出额与参保职工普通门(急)诊统筹基金年人均支付额之比。

"平均"指参保人员(参保职工和退休人员)普通门(急)诊统筹基金年人均支出额与参保职工年人均支出额的比值。

(三)"慢特门诊"

"在职"指设定参保职工门诊大病(慢特病)统筹基金年人均支出额为1。

"退休"指退休人员门诊大病(慢特病)统筹基金年人均支出额与参保职工门诊大病(慢特病)统筹基金年人均支付额之比。

"平均"指参保人员（参保职工和退休人员）门诊大病（慢特病）统筹基金年人均支出额与参保职工年人均支付额的比值。

（四）"住院支付"

"在职"指设定参保职工住院统筹基金年人均支出额为1。

"退休"指退休人员住院统筹基金年人均支出额与参保职工住院统筹基金年人均支付额之比。

"平均"指参保人员（参保职工和退休人员）住院统筹基金年人均支出额与参保职工年人均支付额的比值。

（五）"三项合计"

"在职"指设定参保职工统筹基金年人均支出额为1。

"退休"指退休人员统筹基金年人均支出额与参保职工统筹基金年人均支出额之比。

"平均"指参保人员（参保职工和退休人员）统筹基金年人均支出额与参保职工年人均支付额的比值。

十、个人账户收支

表名：个人账户基金收支。

标题：个人账户基金收支情况（见图6.13）。

（一）"年份"

"年份"指预测期内各年度。

（二）"基金收入情况"（专指统账结合的个人账户基金，亿元）

"当期征缴"指向参保单位征收的当期医疗保险费中划入个人账户和个人缴费部分。

第六章 输出表内容与使用

个人账户基金收支情况（亿元）

年份	基金收入情况			基金支出情况			当期结余	累计结余	可支付月数
	当期征缴	利息收入	收入合计	在职待遇支出	退休待遇支出	支出合计			
2009	3.69	0.03	3.72	0.01	0.02	0.03	3.69	8.15	3,272.92
2010	4.69	0.05	4.74	0.01	0.03	0.04	4.71	12.85	4,184.96
2011	5.81	0.08	5.89	0.01	0.03	0.04	5.84	18.70	5,038.62
2012	7.05	0.11	7.17	0.01	0.04	0.05	7.11	25.81	5,789.80
2013	8.43	0.15	8.59	0.01	0.05	0.06	8.53	34.33	6,551.56
2014	9.92	0.21	10.13	0.02	0.06	0.07	10.06	44.39	7,310.05

图 6.13 个人账户基金收支情况

"利息收入"指用基本医疗保险基金购买国家债券或存入银行取得的利息收入。

"收入合计"指统筹基金总收入，包括当期征缴收入和利息收入。

（三）"基金支出情况"（专指统账结合的个人账户基金支出，亿元）

"在职待遇支出"指基本医疗保险个人账户用于支付参保职工医疗费用的支出，包括支付普通门（急）诊、门诊大病（慢特病）和住院的支出。

"退休待遇支出"指基本医疗保险个人账户基金用于支付参保退休人员医疗费用的支出，包括支付普通门（急）诊、门诊大病（慢特病）和住院的支出。

"个人账户支出合计"指个人账户基金总支出，包括在职待遇支出和退休待遇支出。

（四）"当期结余"

"当期结余"指当年城镇职工基本医疗保险统账结合个人账户基金总收入

减总支出的差额，数据单位为万元。

（五）"累计结余"

"累计结余"指城镇职工基本医疗保险统账结合个人账户基金历年累计结余，数据单位为亿元。

（六）"可支付月数"

"可支付月数"指预测年城镇职工基本医疗保险统账结合个人账户基金累计结余按当年个人账户基金月均支付水平计算的可支付时间，即：可支付月数＝预测年个人账户基金累计结余÷当年个人账户基金支出合计×12 个月。

十一、总收支

表名：基金总收支。

标题：基金总收支情况（见图 6.14）。

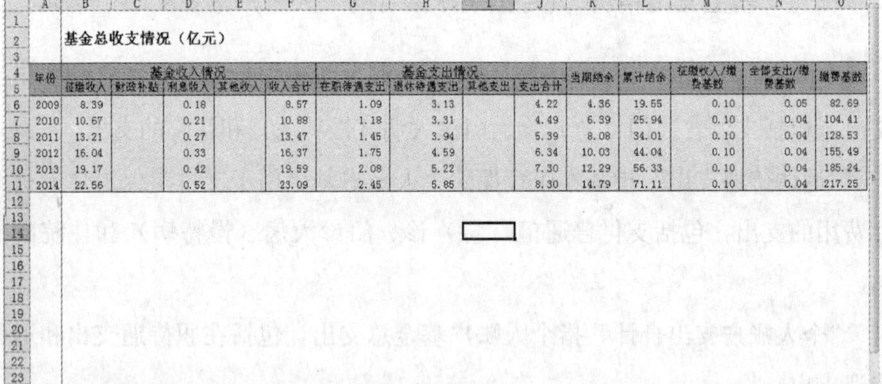

基金总收支情况（亿元）

年份	基金收入情况					基金支出情况				当期结余	累计结余	征缴收入/缴费基数	全部支出/缴费基数	缴费基数
	征缴收入	财政补贴	利息收入	其他收入	收入合计	在职待遇支出	退休待遇支出	其他支出	支出合计					
2009	8.39		0.18		8.57	1.09	3.13		4.22	4.36	19.55	0.10	0.05	82.69
2010	10.67		0.21		10.88	1.18	3.31		4.49	6.39	25.94	0.10	0.04	104.41
2011	13.21		0.27		13.47	1.45	3.94		5.39	8.08	34.01	0.10	0.04	128.53
2012	16.04		0.33		16.37	1.75	4.59		6.34	10.03	44.04	0.10	0.04	155.49
2013	19.17		0.42		19.59	2.08	5.22		7.30	12.29	56.33	0.10	0.04	185.24
2014	22.56		0.52		23.09	2.45	5.85		8.30	14.79	71.11	0.10	0.04	217.25

图 6.14　基金总收支情况

"基金总收支情况"反映了城镇职工基本医疗保险基金总体运行情况，其各项目等于"统筹基金收支"和"个人账户基金收支"对应项目的合计。

（一）"年份"

"年份"指预测期内年度。

（二）"基金收入情况"（亿元）

"征缴收入"指向缴费单位征收和参保职工缴费的当期医疗保险费，等于"统筹基金收支"中"当期征缴"和"清欠预缴"以及"个人账户基金收支"中"当期征缴"的合计。

"财政补贴"指中央和地方财政对基本医疗保险统筹基金的补贴。

"利息收入"指用基本医疗保险基金购买国家债券或存入银行取得的利息收入，等于"统筹基金收支"和"个人账户基金收支"中"利息收入"的合计。

"其他收入"指"统筹基金收支"和"个人账户基金收支"中"其他收入"的合计。

"收入合计"指医疗保险基金总收入，包括上述征缴收入、财政补贴、利息收入和其他收入。

（三）"基金支出情况"（亿元）

"在职待遇支出"指基本医疗保险基金用于支付参保职工医疗费的支出，等于"统筹基金收支"和"个人账户基金收支"中"在职待遇支出"的合计。

"退休待遇支出"指基本医疗保险基金用于支付退休人员医疗费的支出，等于"统筹基金收支"和"个人账户基金收支"中"退休待遇支出"的合计。

"其他支出"指除在职和退休待遇支出之外经财政部门核准项目产生的支出，等于"统筹基金收支"中的"其他支出"。

"支出合计"指医疗保险基金总支出，包括上述在职待遇支出、退休待遇支出和其他支出。

（四）"当期结余"

"当期结余"指当年城镇职工基本医疗保险基金总收入减总支出的差额，数据单位为亿元。

（五）"累计结余"

"累计结余"指城镇职工基本医疗保险统账结合统筹基金历年累计结余，数据单位为亿元。

（六）"征缴收入/缴费基数"

"征缴收入/缴费基数"指上述"征缴收入"与参保职工个人缴费基数之和的比值，反映测算的基本医疗保险综合费率。

（七）"全部支出/缴费基数"

"全部支出/缴费基数"指上述"支出合计"与参保职工个人缴费基数之和的比值，反映基本医疗保险基金支出占参保职工缴费基数的综合比重。

（八）"缴费基数"

"缴费基数"指参保职工个人缴费基数之和，数据单位为亿元。

附件：预测年参保职工逻辑结构图

$$第n年参保人员 = 第n年参保在职职工 + 第n年参保退休人员$$

第n年参保在职职工 = 第n-1年参保在职职工 - 第n年死亡的参保在职职工 + 第n年新增参保人员 - 第n年新退休人员

- 第n年死亡的参保在职职工 = 第n-1年参保在职职工人数 × 参保在职职工死亡率
- 第n年新增参保人员：
  - 方法一：第n-1年参保在职职工人数 × 新增参保率
  - 方法二：给定的确定的数额
  - 方法三：第n年城镇人口（注1）× 参保比例
- 第n年新退休人员 = 第n-1年参保在职职工 × 新退休率

第n年参保退休人员 = 第n-1年参保退休人员 + 第n年新退休人员 - 第n年死亡的退休人员 + 关破企业一次性划入

- 第n年死亡的退休人员 = 第n-1年参保退休人员 × 死亡率
- 方法四：第n-1年参保在职职工人数 - 第n年死亡的参保在职职工人数 + 第n年新退休职工人数

第n-1年城镇就业人口 = 第n-1年城镇经济活动人口 ×（1-失业率）
第n-1年城镇经济活动人口 = 第n-1年城镇人口 × 劳动力参与率

第n-1年城镇人口 = 第n-1年初城镇人口 + 第n-1年城镇新生人口 + 第n-1年净迁入城镇人口 - 第n-1年城镇人口死亡数

- 第n-1年城镇新生人口 = 第n-1年城镇育龄妇女人口 × 城镇生育率
- 第n-1年净迁入城镇人口 = 第n-1年外地区净迁入城镇人口 + 第n-1年本地区净迁入城镇人口
- 第n-1年城镇人口死亡数 = 第n-1年城镇人口 × 城镇人口死亡率

注：在计算第n年城镇人员时，需将下方加粗表示的计算公式中的第n-1年全部替换为第n年。

附录一

基本养老保险精算业务规程（试行）

第一章 总 则

第一条 为规范基本养老保险精算业务操作，提高精算工作质量，更好地发挥精算在经办管理中的作用，制定本规程。

第二条 基本养老保险精算的主要职能是：

（一）支持政策决策。在制定和调整基本保险政策时，通过开展审慎的精算评估，模拟制度改革和调整对基金收支的影响和所带来的风险，为决策科学化服务。

（二）监测基金运行风险。定期开展基本保险基金收支预测，发布精算报告，对基金运行风险及时做出预警，提出规避风险的对策和建议，确保制度的平稳运行。

（三）评估政策和管理效率。结合社会经济发展状况，对政策执行情况和经办管理效率进行评估，为完善政策和制定扩面征缴工作计划服务。

第三条 基本保险精算业务的主要内容包括：

（一）基本养老保险年度精算分析；

（二）基本养老保险专项精算分析；

（三）其他日常测算分析等精算业务活动。

第四条 基本养老保险精算业务的基本程序包括：

（一）制定精算分析工作方案；

（二）采集精算基础数据和更新精算基础数据库；

（三）建立精算模型；

（四）确定参数假设；

（五）分析精算预测结果；

（六）撰写精算报告。

第五条 开展基本养老保险精算业务应坚持客观性、规范性、审慎性和时效性的基本原则。

第六条 精算基础数据和精算分析成果的管理应遵循保密管理和档案管理的一般规定。

第七条 开展基本养老保险精算工作要成立专门的组织机构，配备合适的专业人员，提供合理的经费保障。

第八条 本规程适用于省级企业基本养老保险经办机构。

第二章 制定精算工作方案

第九条 开展精算分析时，应制定工作方案。

第十条 精算分析方案一般包括以下内容：

（一）分析目标和内容；

（二）开展分析需要的数据和资料；

（三）预测方法和模型；

（四）工作进程和完成时间；

（五）费用预算；

（六）人员配备和组织实施。

第十一条 精算分析方案应根据分析目标和内容，突出重点。年度精算分析应着重于根据可获取的最新内部和外部数据更新基础数据、调整参数假设，专项等精算评估则侧重于设计测算方案、建立测算模型。

第十二条 合理配备多方面的业务人员，使精算分析工作队伍具备以下几方面的业务知识：

（一）了解基本保险制度运行的人口和宏观经济背景；

（二）熟悉基本保险政策法规、制度运行现状和发展规划；

（三）熟悉基本保险信息系统，具有数据采集和加工整理能力；

（四）具有精算专业基础知识，能运用精算模型开展基金收支预测和分析。

第十三条　精算分析活动结束后,要对精算分析方案的执行情况进行评估。对于业务量大、持续时间较长的精算分析,应实行按环节跟踪评估。

第三章　精算基础数据采集

第十四条　省级养老保险经办机构要建立精算基础数据库,主要内容包括:

(一) 人口基础数据库;

(二) 经济基础数据库;

(三) 基本养老保险制度运行数据库。

第十五条　人口基础数据库包括城乡人口数、城乡人口死亡率、城乡育龄妇女生育率、城乡人口迁移率、新生婴儿性别比等数据项目(表3.1～表3.3)。

人口数据的主要来源是:

(一) 人口普查资料;

(二) 1%人口抽样调查数据;

(三) 年度人口变动情况调查数据;

(四) 户籍统计数据;

(五) 年度统计公报数据。

第十六条　经济基础数据库包括劳动力参与率和失业率、GDP总量及增长率、职工平均工资、财政收入、居民消费价格指数、利率等数据项目(表3.4和表3.5)。

经济数据的主要来源是:

(一) 统计部门年度统计数据;

(二) 人力资源和社会保障年度统计数据;

(三) 年度统计公报数据;

(四) 人力资源和社会保障年度统计公报数据;

（五）其他相关部门统计数据。

第十七条 基本保险制度运行基础数据库包括年度业务统计数据、年度基金财务数据和部分联网数据项目（表3.6～表3.24）。

第十八条 精算基础数据要按规定的来源进行采集。本地区相关主管部门无法提供必要基础数据的，可通过公开发表的文献资料等其他途径作补充采集，但数据入库前应开展质量评估并明确说明来源，同时要说明并记录对于重要数据的修正和处理方法。

第十九条 精算基础数据库应满足基本的精算分析需要。本规程实施第一年，人口类数据项目应至少积累最近一次人口普查数据；经济类数据项目应至少积累10个年度的数据；基本保险制度运行业务统计数据和基金财务数据项目应至少积累10个年度的数据，联网数据项目应至少积累最近一年度的数据。

第二十条 精算基础数据库应及时更新。

按年度统计的数据应于每年3—4月完成数据采集和整理工作，纳入精算基础数据库。

人口普查等非按年度统计的数据应自公布之日起1个月内纳入精算基础数据库。

第二十一条 实行精算基础数据审核备份制度。精算业务人员每年对精算基础数据进行更新后，需报主管领导审核入库，同时报部社会保险事业管理中心备份。

第四章　建立精算模型

第二十二条 建立精算模型的基本原则是尽可能准确地模拟分析对象发展变化的规律。

第二十三条 建立或选择精算模型时，要综合考虑精算分析的目标和基础数据条件。

第二十四条 建立养老精算模型的基本方法是要素推算法。

第二十五条 企业基本养老保险年度精算分析使用人力资源社会保障部社会保险事业管理中心下发的"养老保险基金精算分析模型"。

第五章 确定参数假设

第二十六条 精算业务人员开展精算分析时，应以本地区数据为基础做出参数假设。本地区基础数据缺乏的，可参照全国及邻近地区相关参数确定，但要对数据的可参照性及差异做出比较分析。

第二十七条 短期（一般指10年及以下）参数假设主要参照近5年历史数据确定。

社会经济条件或政策发生重大变化的，短期参数假设应相应做出调整。

第二十八条 长期参数假设（10年以上）应综合考虑以下因素：

（一）历史数据；

（二）参数现状和运行趋势；

（三）与相关变量的关系；

（四）政策变化的可能影响。

第二十九条 人口参数假设以最近一次人口普查数据为基础确定，必要时可参照1‰人口抽样调查和人口变动情况调查数据。人口参数包括生育率、死亡率、人口迁移率、新生婴儿性别比等。

生育率长期假设应考虑人口政策变化因素。

死亡率长期假设应考虑人口预期寿命提高因素。

人口迁移率长期假设应考虑城镇化的总体发展水平。

新生婴儿性别比长期假设应考虑性别比的正常水平。

第三十条 基本保险政策参数按现行规定确定参数假设。

已有明确规划进行调整的政策参数，按规划的时间进度确定参数假设。

第三十一条 经办管理参数按最近年份数据确定参数假设。对最近年份中可能造成预测结构偏差的因素要进行剔除。对于纳入计划管理的经办参数，应结合计划确定参数假设。经办管理参数包括新增参保率、退休率、缴费人员占参保人员比例、基金征缴率等。

第三十二条 开展年度精算分析时，每年要根据制度运行状况的变化，对上年度的参数假设进行评估，对未来的参数假设做出相应调整。

第六章 精算预测结果分析

第三十三条 精算预测结果分析的主要内容包括：

（一）验证预测成果的可信程度；

（二）分析主要预测指标；

（三）评估预测的不确定性。

第三十四条 验证预测成果可信程度的基本方法是，短期预测重点比较基金收支以及参保职工、离退休人数、人均缴费工资和养老金水平等数据是否与历史数据和发展趋势一致，尤其是预测基数年实际发生数与第一年预测结果能否合理衔接。

长期预测结果的可信度主要通过以下综合指标进行分析：制度内抚养比与人口抚养比是否保持相同的发展变化趋势；养老金实际替代率与计发办法设计的目标替代率的偏离程度；实现基金收支平衡的费率与历史发展趋势和过去的预测是否一致等。

第三十五条 精算预测分析的主要指标包括人员构成、待遇水平和基金收支三类指标。

（一）人员构成分析指标包括：人口结构、参保职工、退休人数、制度内抚养比等。

（二）待遇水平分析指标包括：退休人员月养老金水平和替代率、新增退休人员月养老金水平和替代率。

（三）基金收支分析指标包括：预测期内年度收支状况（包括年度基金收入、支出和结余）、基金积累水平（包括基金累计结余额和积累率）、精算平衡费率（即在只考虑缴费收入的条件下，实现年度基金收支平衡需保持的费率水平）。短期预测的基金年度收支以绝对额表示，长期预测则采用基金收支相对于缴费基数的比例表示。

第三十六条 在指标分析的时点选择上,应重点关注预测期末的年度结余状况和年度结余从盈余转为赤字的时间。此外,要考察最高积累水平和出现的年份、基金积累出现赤字的年份。如果预测期末基金积累率为正值,还需关注其稳定性。

第三十七条 为评估精算预测的不确定性,应开展多方案分析和主要参数的敏感性分析。

(一)多方案分析一般采取中性、乐观和悲观三种参数假设方案。其中,中性方案是立足现状所做的最佳假设方案。乐观和悲观方案反映了参数取值变动的范围,分别代表制度运行成本最小和最大的参数假设。

(二)在参数有多种假设的情况下,应开展敏感性分析,测试参数变化对基金收支预测结果的影响程度,并据此提出有针对性的政策建议。

第三十八条 预测结果的分析应与参数假设和预测模型的完善结合起来。在预测过程中,随着时间的推移,要经常将已经出现的参数观察值与预测值相比较。如果出现重大政策调整,原来的预测方法和模型不能全面、如实地反映制度运行的实际时,应及时修改预测方法和数学模型,以保证预测质量。

第七章 撰写精算报告

第三十九条 精算业务人员开展精算分析后,应按照相关的职业技术标准,撰写精算报告,阐述其分析方法、专业结论和政策建议。

第四十条 精算报告一般由以下部分内容组成:

(一)任务和目标;

(二)数据来源;

(三)财务方案;

(四)精算方法;

(五)精算假设;

(六)分析结果;

（七）结论和建议；

（八）附录；

（九）精算责任人声明。

第四十一条 实行企业基本养老保险基金年度精算报告制度。省级养老保险经办机构应于每年第二季度初启动年度精算分析工作，撰写年度精算报告。省级年度精算报告经分管厅（局）领导审阅同意后，和基本养老保险精算基础数据（指表 3.6～表 3.24，数据请刻光盘）一起于每年 5 月 31 日前以邮政特快专递的形式报送部社会保险事业管理中心。

第四十二条 企业基本养老保险年度精算报告应包括以下内容：

（一）目录；

（二）报告摘要；

（三）制度运行环境和制度运行现状分析；

（四）短期精算预测；

（五）长期精算预测；

（六）参数假设和敏感性分析；

（七）结论和政策建议；

（八）附表。

第四十三条 年度精算报告中的报告摘要简要叙述基本养老保险基金年度精算分析的结果和政策建议，在表达上应力求简明易懂，重点突出。

第四十四条 年度精算报告中的制度运行环境和制度运行现状分析应包括：

（一）基本养老保险制度运行的人口、宏观经济、财政金融等背景状况；

（二）基本养老保险政策的最新调整和变化；

（三）当前的制度覆盖范围、基金征缴效率、老年抚养比、养老金替代水平等主要业务指标；

（四）年度收入、支出、结余等主要财务指标。

第四十五条 年度精算报告中的短期精算预测是对未来 10 年的制度运行

情况进行的预测。短期预测一般高度依赖基本养老保险制度运行现状,基金预测结果的描述多用绝对额,对制订短期计划往往有直接支持作用。

第四十六条 年度精算报告中的长期精算预测是对未来50年的制度运行情况进行的预测。长期预测对参数假设尤其是外部人口和宏观经济参数的依赖性很大,评估长期基金总收支状况的指标为基金收入、支出和结余相当于缴费基数的比例,计算出的基金收支数据只宜作为趋势性判断指标。

第四十七条 年度精算报告中的参数假设和敏感性分析主要说明精算评估中主要参数假设确定的依据,分析主要参数变化对基金和制度运行的影响。

第四十八条 年度精算报告中的结论和政策建议应在分析预测结果的基础上,提出精算评估结论和保持制度平稳运行的政策措施,具体包括:

(一)目前的基金积累水平是否充足。

(二)按照现行模式运行,基金是否能满足制度未来的支出需要。

(三)如果预期收不抵支,如何实现收支平衡。

第四十九条 年度精算报告附表应明确列出:

(一)人口、经济和制度运行方面的主要参数假设(表7—1~表7—4);

(二)人口、人员构成、养老金水平和基金收支预测结果(表7—5~表7—9);

(三)主要预警监测指标变化情况(表7—10)。

第五十条 省级养老保险经办机构组织精算评估工作小组,为开展年度精算分析和撰写精算报告提供咨询意见。工作小组成员包括经办机构主管领导和精算、财务、统计、信息业务人员,行政部门业务人员以及外部的人口、经济和社会保障专家。

精算报告应附工作小组成员名单。

第五十一条 实行年度精算报告的责任人制度。精算报告责任人负责审核精算报告的内容,对其真实性、完整性和科学性负责,并在上报时签署声明。

精算报告责任人声明内容为:"按照《基本养老保险精算业务规程》规

定，本单位已按时完成本年度精算报告的上报。本人×××作为精算责任人，对年度精算报告的内容进行了必要的审核。本人认为年度精算分析的参数假设和预测结果合理，精算报告的内容真实地反映了年度精算分析的结果。"

精算责任人由精算评估工作小组组长担任。

附录二

模型原理公式

$Pop(0, j, k)$：j年0岁k性别的人口；

$Pop(i-1, j-1, 2)$：$j-1$年$i-1$岁女性人口；

$Fer(i, j)$：j年i岁女性生育率；

$Sex(j, k)$：j年k性别新生婴儿占全部新生婴儿的比例；

$IMg(0, j, k)$：j年0岁k性别的净迁入人口；

$IMg(i, j, k)$：j年i岁k性别的净迁入人口；

$Pop(i, j, k)$：j年i岁k性别的人口；

$Pop(i-1, j-1, k)$：$j-1$年$i-1$岁k性别人口；

$Npop(j)$：j年总人口；

$Mor(i, j, k)$：j年i岁k性别的死亡率；

$Ins(j)$：j年参保在职职工人数；

$Ins(i-1, j-1, k)$：$j-1$年$i-1$岁k性别参保职工人数；

$Mor(i, j, k)$：j年i岁k性别的死亡率；

$Nen(i, j, k)$：j年i岁k性别的新增参保职工；

$Nre(i, j, k)$：j年i岁k性别的新退休人员人数；

$Nre\_rate(i, j, k)$：j年i岁k性别的退休率；

$Emp(i, j, k)$：j年i岁k性别的就业人口；

$Nen\_rate(i, j, k)$：j年i岁k性别的新增参保率；

$Pop\_c(i, j, k)$：j年i岁k性别的城镇人口；

$Lab(i, j, k)$：j年i岁k性别的劳动参与率；

$Une(i, j, k)$：j年i岁k性别的失业率；

$Cov(i, j, k)$：j年i岁k性别的制度覆盖率；

$Ret(j)$：j年退休人员总人数；

$Ret(i-1, j-1, k)$：$j-1$年$i-1$岁k性别的参保退休人数；

$ONre(i, j, k)$：j年i岁k性别的一次性退休人员人数；

$Ins(j, k)$：j年k性别的在职参保人员人数；

$Nen\_Prop(i, j, k)$：j年i岁k性别的新增参保职工分年龄、性别比例；

$Ret(j)$：j年参保退休人员人数；

$Ret(i-1, j-1, k)$：$j-1$年$i-1$岁k性别参保退休人员人数；

$Mor(i, j, k)$：j年i岁k性别的死亡率；

$Nre(i, j, k)$：j年i岁k性别的新退休人员人数；

$Ins(i-1, j-1, k)$：$j-1$年$i-1$岁k性别参保在职职工人数；

$Nre\_rate(i, j, k)$：j年i岁k性别的退休率；

$ONre(i, j, k)$：j年i岁k性别的一次性退休人员人数；

$Rev(j)$：j年基金总收入；

$Rev\_tc(j)$：j年统筹基金总收入；

$Rev\_zj(j)$：j年统筹基金征缴收入；

$Rev\_qy(j)$：j年统筹基金清欠和预缴收入；

$Sub(j)$：j年财政补贴收入；

$Int(j)$：j年统筹基金利息收入；

$Rev\_qt(j)$：j年统筹基金其他收入；

$Rev\_ca(j)$：j年实账个人账户基金总收入；

$Rev\_zj\_ca(j)$：j年实账个人账户征缴收入；

$Int(j)$：j年实账个人账户基金利息收入；

$Rev\_zj\_tc(j)$：j年统筹部分应缴收入；

$Rev\_zj\_kz(j)$：j年个人空账部分应缴收入；

$Z\_rate(j)$：j年征缴率；

$P\_rate(j)$：j年缴费人员比例；

$Rev\_zj\_tc(j)$：j年统筹部分应缴收入；

$Rev\_zj\_dwtc(j)$：j 年单位职工统筹部分应缴收入；

$Rev\_zj\_grtc(j)$：j 年个人参保人员统筹部分应缴收入；

$Con\_rate\_dwtc(j)$：j 年单位职工统筹部分缴费费率；

$Con\_rate\_gt(j)$：j 年个人参保人员统筹部分缴费费率；

$Ins\_dw\_n(j)$：j 年单位职工参保人数；

$Ins\_gt\_n(j)$：j 年个人参保人员人数；

$Pay\_dw(j)$：j 年单位职工缴费基数；

$Pay\_gt(j)$：j 年个人参保人员缴费基数；

$Pa\_size(j)$：j 年个人账户规模；

$Wp\_rate(j)$：j 年单位职工缴费基数比；

$Rev\_zj\_kz(j)$：j 年个人空账部分应缴收入；

$Rev\_zj\_zh(j)$：j 年个人账户应缴收入；

$Pas\_size(j)$：j 年个人账户做实比例；

$Rev\_zj\_dwzh(j)$：j 年单位职工个人账户应缴收入；

$Rev\_zj\_gtzh(j)$：j 年个体参保人员个人账户应缴收入；

$Rev\_zj\_ca(j)$：j 年实账个人账户征缴收入；

$Exp(j)$：j 年基金总支出；

$Exp\_tc(j)$：j 年统筹基金支出；

$Exp\_ca(j)$：j 年实账个人账户基金支出；

$Exp\_jb(j)$：j 年统筹基金基本养老金支出；

$Exp\_sz(j)$：j 年丧葬抚恤补助费支出；

$Exp\_qt(j)$：j 年其他支出；

$Exp\_jc(j)$：j 年基础养老金支出；

$Exp\_ea(j)$：j 年空账个人账户支出；

$Exp\_gd(j)$：j 年过渡性养老金支出；

$Exp\_lrjb(j)$：j 年老人基本养老金支出；

$Exp\_ca\_cs(j)$：j 年实账个人账户长寿基金支出；

Exp_ca_zh (j)：j 年实账个人账户养老金支出；

Exp_ca_fh (j)：j 年实账个人账户余额返还支出；

Exp_ea_zh (j)：j 年空账个人账户养老金支出；

Exp_ea_fh (j)：j 年空账个人账户余额返还支出；

Exp_jc (j)：j 年基础养老金支出；

Exp_jc_xt (j)：j 年新退休人员基础养老金支出；

Exp_jc_yt (j)：j 年调整待遇后已退休基础养老金支出；

Jc_xt (j)：j 年新退休基础养老金；

Jc_yt ($j-1$)：$j-1$ 年已退休人员基础养老金；

Ap_rate (j)：j 年基本养老金调待系数；

U (j)：$j-1$ 年社会平均工资；

N (j)：截止到 j 年的缴费年限（视同缴费年限和实际缴费年限之和）；

Va (j)：截止到 j 年的指数化月平均工资；

V_n-1 (j)：$j-1$ 年当地统筹社会平均工资（省级经办机构计算时 $U = V_n-1$）；

t_1 (j)：截止到 j 年平均缴费工资指数；

t_{qs}：起始年平均缴费工资指数，包含视同缴费年限段；

t (j) = j 年的缴费工资指数（缴费工资占上年社平比例），j 为起始年后的某一年；

Ea_zh (j)：j 年"中人"和"新人"退休人员空账个人账户养老金；

Ea_zhye (j)：j 年"中人"和"新人"退休人员空账个人账户余额；

Y：个人账户养老金计发月数；

Ea_zhye ($j-1$)：$j-1$ 年"中人"和"新人"退休人员空账个人账户余额；

Ir_ea (j)：j 年空账个人账户利率；

t (j)：j 年的缴费工资指数（缴费工资占上年社平比例）；

U (j)：$j-1$ 年社会平均工资；

$gd\_xt(j)$：j 年"中人"新退休人员过渡性养老金；

$V_b(j)$：j 年"中人"新退休人员的指数化月平均缴费工资；

n_1：视同缴费年限；

G：过渡系数；

$V_n-1(j)$：$j-1$ 年当地统筹社会平均工资；

t_2：过渡性养老金平均缴费工资指数（对应实际缴费且计入账户的时间段）；

$t(j)$：j 年的缴费工资指数（实际缴费工资占上年社平比例）；

B：预测期基金总结余；

$Bal(j)$：j 年基金当期结余；

$Bal\_tc(j)$：j 年统筹基金当期结余；

$Bal\_ca(j)$：j 年个人实账基金当期结余。

附录三

个人账户养老金计发月数表

退休年龄	计发月数
40 岁	233
41 岁	230
42 岁	226
43 岁	223
44 岁	220
45 岁	216
46 岁	212
47 岁	208
48 岁	204
49 岁	199
50 岁	195
51 岁	190
52 岁	185
53 岁	180
54 岁	175
55 岁	170
56 岁	164
57 岁	158
58 岁	152
59 岁	145
60 岁	139
61 岁	132
62 岁	125
63 岁	117
64 岁	109
65 岁	101

续表

退休年龄	计发月数
66 岁	93
67 岁	84
68 岁	75
69 岁	65
70 岁	56